CB122780

CHAGAS DE LUZ

MANUEL DOS SANTOS SOARES
EDISON DE OLIVEIRA CARNEIRO

ESPÍRITOS DIVERSOS

CHAGAS DE LUZ

MANUEL DOS SANTOS SOARES
EDISON DE OLIVEIRA CARNEIRO

ESPÍRITOS DIVERSOS

Aliança

Copyright © 2012 *Todos os direitos reservados à Editora Aliança.*

1ª edição, abril/2012, do 1º ao 5º milheiro

Título
Chagas de Luz

Autor
Manuel dos Santos Soares / Edison Carneiro

Revisão
Arlete Genari

Diagramação
Alline Garcia Bullara

Capa
Antônio Carlos Ventura

Impressão
Rettec Artes Gráficas e Editora Ltda.

Ficha Catalográfica

Dados Internacionais de Catalogação na Publicação (CIP)
— Câmara Brasileira do Livro | SP | Brasil —

Chagas de luz / Espíritos Diversos;
[psicografia de] Manuel dos Santos Soares,
Edison Oliveira Carneiro.
São Paulo : Editora Aliança, 2012.

ISBN: 978-85-88483-78-1 / 320 páginas

1. Espiritismo 2. Romance Espírita I. Espíritos Diversos
II. Soares, Manuel dos Santos III. Carneiro, Edison Oliveira

12-03361 CDD-133.93

Índice para catálogo sistemático:

1. Romances Espíritas: Espiritismo 133.93

Editora Aliança
Rua Major Diogo, 511 - Bela Vista - São Paulo - SP
CEP 01324-001 | Tel.: (11) 2105-2600 | Fax: (11) 2105-2626
www.editoraalianca.com.br | editora@editoraalianca.com.br

Dedicatória

Dedicamos este livro a Luiz Robacinni, excepcional para muitos, ex-hanseniano, amigo incondicional, que submetido a duras provas, superou-as, utilizando a força do amor.

SUMÁRIO

Segundo Volume

Este romance é a sequência do *Buscando a Luz*, primeiro volume da trilogia que tem como condutor a vida de Manuel, neste livro referenciado como Neco.

Ao contrário do primeiro volume, que se passou principalmente no plano espiritual, este romance desenvolve-se na terra, em meio às lutas próprias da vida encarnada.

Em raras passagens são visualizadas cenas do mundo espiritual, mas a leitura atenta revelará em todos os capítulos a "mão de Deus" mostrando-se por meio da solicitude constante dos benfeitores espirituais, atuantes, conquanto invisíveis.

Abarca um período relativamente curto, apenas 30 anos, porém denso de acontecimentos.

O cenário principal permanece sendo o Brasil, entre 1925 e 1956.

É um livro que tem vida própria, no entanto a leitura do primeiro volume da série dilatará, certamente, as reflexões do leitor face à evolução espiritual.

A correlação entre os personagens dos dois volumes encontra-se no fim deste livro.

Como este livro foi escrito

Este romance teve por base os depoimentos de Neco (Manoel dos Santos Soares) sobre a sua própria vida.

As imagens por vezes são esmaecidas e com falhas, pois mais de 50 anos são passados sobre os fatos aqui narrados.

No restauro dessas lembranças me vali de algumas pesquisas e das recordações de dois personagens que partilharam o mesmo espaço e as mesmas provações severas que os hansenianos enfrentaram naquele tempo: Adelaide Imperatrice e Sílvio Bez.

Fotos, principalmente da época, auxiliam a recriar o clima em que os acontecimentos se passaram.

As falhas, certamente as houve, originaram-se de minhas limitações intelectuais e morais; peço que sejam debitadas a mim.

Os ensinamentos que o livro contém, pedimos (Eu e o Neco) que sejam creditados a Jesus e aos benfeitores espirituais que a todos assistem.

Eu, Neco e Espíritos diversos nos responsabilizamos do ponto de vista legal e público pela autoria dos textos; isso não invalida que, perante as verdades eternas, os reais autores deste drama foram os homens e mulheres que o viveram.

Edison

Junho de 2011

Mergulhado na carne, o Espírito passa por experiências diversas.

O corpo que envolve o Espírito, limita-o, mas pode também purificá-lo; os fluidos corporais, representados principalmente pelo sangue, absorvem as impurezas da alma, limpando-a de vícios e deslizes cometidos no pretérito, semelhante ao do algodão que o enfermeiro utiliza na limpeza de uma ferida, e que depois é lançado fora.

As imperfeições morais fixadas nas estruturas mais sutis do perispírito afloram no corpo físico, rompendo-se em feridas e sofrimentos; o espírito sofre pelo corpo, mas depura-se e alivia-se pela alma.

As chagas repulsivas do ponto de vista material, ao limparem a alma, vão dando passagem à luz profunda que existe no cerne de nosso ser espiritual, pois somos filhos da luz.

O foco do romance é esclarecer o benefício imenso que se pode colher das enfermidades recebidas com resignação.

Resignação não expressa em passividade, fuga, acomodação, mas testemunhada na aceitação íntima no campo das emoções, a traduzir-se em serenidade, boa vontade, disciplina e paciência, lutando para vencer, ou pelo menos diminuir, os efeitos indesejáveis da moléstia.

Resignação confiante na misericórdia infinita de Deus, que agirá no momento adequado e na medida certa, aliviando os sofrimentos e conduzindo os acontecimentos de maneira a pôr um fim a toda provação.

Que o Bom Deus a todos abençoe, que consigamos face a expiações e provas, concedidas pelo amor de Deus, sermos aprovados, e se não o formos, que tenhamos a coragem do recomeço.

LIVRO 1
O MENINO

Quando o personagem, após o sono, experimenta o confinamento, mas é preparado para a vida.

O passado de cada um de nós se estende por milhares de séculos, na sucessão de nossas encarnações e estadias no mundo espiritual.

Assim também ocorreu com Manuel, personagem central de nossa história, que renasceu como o menino Neco, apelido carinhoso com que a mãe se dirigia ao filho Manuel do Santos Soares.

Na minha mente desfilam cenas, imagem imprecisas, do passado do menino nos últimos três séculos.

Elas explicam, em parte, a vida presente do menino[1].

1715, ALGUM LUGAR DO PLANO ESPIRITUAL

Manuel, num bosque do plano espiritual, tem o rosto iluminado de esperança, pois voltará à carne naquele século 18, quando grandes progressos ocorrerão na Terra.

Inúmeros gênios, mergulhando na carne, trarão conceitos novos na política, na economia, na educação. Outros lançarão as bases das diversas ciências.

Manuel aproveitará essa onda de ideias de progresso, para contribuir com sua efetivação e também progredir espiritualmente.

Conta colaborar com a sociedade portuguesa, onde encarnará, auxiliando-a a superar a ignorância religiosa, dinamizando sua indústria e comércio, dando novo significado ao trabalho e à educação.

Pombal, espírito com grandes cabedais de liderança e inteligência, liderará a nação portuguesa, modernizando-a. Manuel conta participar do grande movimento reformista de Pombal.

---

[1] A história de Manuel no período compreendido entre o século 18 e princípio do século 20 encontra-se no romance *Buscando a Luz*, primeiro volume desta trilogia.

Todos esses ideais motivam Manuel, que vê com destemor as armadilhas e sofrimentos que a encarnação por vezes contém.

Portugal, 1750

Manuel, homem vigoroso, 34 anos, caminha pela Cidade do Porto. Mendigos gerados pela grande crise econômica o importunam, enquanto se dirige para seu estabelecimento comercial.

Debruçado sobre os livros mercantis, efetua cálculos, uma expressão sombria desce sobre seu semblante, enquanto reflete que continuar a derrocada comercial, dentro de três ou quatro anos, será a vez dele fechar as portas e mergulhar num destino incerto.

O rei de Portugal, D. João V, principal responsável pela crise, havia morrido há pouco; ao lembrar-se da morte do rei uma expressão de esperança desenhou-se na face de Manuel.

Todavia o fluxo de ideias o conduziu da morte do rei para a esposa, que dia a dia mostrava-se mais enferma, a tosse mais frequente, por vezes acompanhada de golfadas de sangue. As duas filhas, presenciando o sofrimento da mãe, choravam e perguntavam:

— Papai, a mamãe vai morrer?

— Não, meninas; mais dia menos dia essa tosse passa.

Considerar a morte da esposa a breve tempo, dada como certa pelo médico que a atendia, trouxe-lhe enorme angústia.

Todavia, Pombal, homem público, cuja carreira Manuel acompanha há vários anos, chegou ao poder, trazendo-lhe esperanças de melhora.

Pombal lhe traz de volta seus ideais de grandeza da pátria e realização pessoal. Por alguns minutos Manuel devaneia, embevecido com a possibilidade de um futuro feliz.

Brasil, 1754

Manuel está deitado numa rede confortável, sendo conduzido por dois escravos para a Igreja de Nossa Senhora das Merces, em Belém do Grão-Pará.

Está viúvo, sua esposa morreu; numa decisão acertada, vendeu seu negócio em Portugal e mudou-se com as duas filhas para o Brasil. Estabelecendo-se como comerciante em Belém, trabalhou duramente os últimos quatro anos.

É agora, aos 38 anos, um próspero comerciante; faz parte da elite da sociedade local. Vai despedir-se do governador, que fará longa viagem, até o alto Rio Negro.

Além do governador, é amigo de personagens ilustres como D. Miguel, bispo de Belém; Gaspar Posser, secretário do governador João Batista de Oliveira, governador da cidade de Macapá.

Politicamente tem como centro de suas convicções Pombal, o irmão do governador, todo-poderoso ministro de Portugal, que manipula o rei e pretende iniciar uma era de grande progresso para Portugal.

Senta-se na rede, para olhar a rua e cumprimentar algum conhecido. Sua expressão denota arrogância e vaidade, enquanto os escravos suarentos e descalços prosseguem conduzindo-o.

Os ideais de igualdade, fraternidade, liberdade estão muito apagados na sua mente; o foco principal é ganhar dinheiro e afirmar-se socialmente.

Brasil, 1764

Manuel, com 48 anos, está acomodado em confortável poltrona, ouvindo a esposa, Maria da Fé, que lê para ele, em voz alta, um livro de Voltaire.

Uma escrava, bonita, de corpo bem proporcionado, agita um enorme leque de penas para ventilar o ambiente, enquanto outra escrava se desdobra para tomar conta de quatro crianças que brincam pela sala.

A maioria dos amigos de Manuel voltou para Portugal, mas ele preferiu ficar no Brasil.

Afastou-se da política, desiludido com Pombal, que, se perdeu, mostrando um lado cruel, vingativo e prepotente.

Manuel enriqueceu bastante, ampliando os negócios, dedicando-se inclusive ao tráfico e comércio de escravos.

Amealhando expressivo patrimônio, e tendo suas necessidades materiais amplamente satisfeitas, passou a sentir certo tédio pelos negócios.

Não encontrando maior motivação na política nem nos negócios, sem ideais, a esposa, Maria da Fé, uma mameluca, sensível, inteligente, culta e bonita, com quem se casou em 1755, passou a ser o centro da vida de Manuel.

Brasil, 1786

Manuel entra na sua casa cabisbaixo, amparado pelos filhos.

Há pouco mais de um mês completou 70 anos, tem uma expressão alheia a tudo, no rosto ressaltam os olhos vermelhos.

Os filhos também estão tristes, conquanto animados de energia, pois para eles a vida continua.

Porém para Manuel a vida parou, pois morreu Maria da Fé, a esposa, e com a sua morte, cessou, para Manuel, toda motivação.

Chega ao fim de sua existência na terra sem nenhuma realização palpável: sem Deus, sem ideais, apenas conseguiu ter dinheiro, e a morte que se avizinha lhe tomará sua única riqueza.

1800, Algum lugar do Plano Espiritual

Manuel está novamente no mesmo bosque, em que estivera em 1715, aguardando nova encarnação, que acontecerá em breve.

Sua mente perde-se em reflexões, rememora os últimos 14 anos de sua estada no plano espiritual, enquanto o crepúsculo colore o céu de magníficos tons.

Desencarnou em 1786, passou alguns anos no umbral, em rudes tormentos gerados por uma vida egoísta e sem realizações espirituais.

Socorrido, restabeleceu-se; analisando sua vida chegou à conclusão de que seu fracasso deveu-se à falta de fé; suplicou e conseguiu uma nova encarnação, na qual será um sacerdote dedicado à população pobre de alguma vila perdida nos sertões brasileiros. Ensinando o Evangelho e praticando a caridade cristã numa vida simples, conta imprimir na sua alma a dedicação e a fé em Jesus, e com isso criar uma base para voos maiores na sua vida espiritual.

Seu coração está confiante de que desta vez será bem-sucedido.

1828, Rio de Janeiro, Brasil

O Senado do Império do Brasil está reunido em sessão ordinária.

Na presidência da casa está D. José Coutinho, bispo do Rio de Janeiro e senador.

A um canto do salão está um sacerdote, magro e alto, de olhos castanhos. Seu olhar expressa inteligência e orgulho. É um dos principais assessores de D. José Coutinho.

Esse padre católico é o mesmo Manuel, reencarnado em 1802, que sendo ordenado sacerdote abandonou seu plano de vida de dedicação ao Evangelho e à caridade, optando pela carreira política.

Circundando-o, alguns espíritos grosseiros fazem galhofas com relação à fala dos senadores na tribuna. Por vezes os obsessores estapeiam Manuel, que ao levar os tapas sente agulhadas na cabeça, que se traduzem por leve careta de dor.

Mais uma vez, Manuel encaminha-se para uma encarnação falida, apesar da assistência e orientação de seus benfeitores espirituais.

1840, Plano Espiritual – Bosque da Luz

Manuel, imerso em seus pensamentos, reflete sobre sua última encarnação como sacerdote.

Se teve sucesso do ponto de vista da carreira eclesiástica, quase chegando a bispo, do ponto de vista espiritual foi um fracasso.

Desencarnou demente com apenas 32 anos, devido à sífilis que contraiu numa ligação irresponsável na juventude.

Tendo duas encarnações fracassadas em seguida, Manuel não tem a mínima motivação para encarnar novamente.

Em virtude disso, passará longo tempo no Plano Espiritual.

1851, Plano Espiritual

Manuel, desde 1841, dedica-se, no Plano Espiritual, ao combate ao tráfico de escravos. Integra pequena equipe, chefiada por Mendonça Furtado, o antigo governador do Grão-Pará e irmão de Pombal.

Nesse momento, age junto a Assembleia Nacional, onde tramita a lei "Eusébio de Queiroz", que dará um golpe mortal no tráfico de escravos.

Manuel também acompanha a vida de Pombal, reencarnado como o escravo João Cândido, em um engenho em Pernambuco.

Integrado ao trabalho, cercado de amigos, Manuel vive dignamente no Plano Espiritual, e vai quitando, pelo trabalho, os débitos contraídos na sua encarnação do século 18, quando participou do tráfico negreiro, comprometendo-se com os crimes da escravidão.

Plano Espiritual, 1866

Manuel, com seus amigos de trabalho, assiste, como espírito, a uma das primeiras reuniões espíritas que acontecem no Brasil, em Salvador.

Cinco anos antes, tomou conhecimento das atividades de Allan Kardec, codificador do espiritismo, enchendo-se de esperança face aos benefícios que a nova doutrina traria à humanidade.

Embora não tenha planos de reencarnar-se, acalenta o sonho de um dia, quando voltar à Terra, integrar-se a um grupo espírita.

Plano Espiritual, 1876

Manuel acompanha o desencarne de João Cândido, na verdade Pombal reencarnado.

Depois de uma vida toda tomada por duras expiações e provas, Pombal/João Cândido desencarna redimido e ascende a planos mais elevados.

Esse fato motiva Manuel a desejar voltar para a carne, por meio de uma encarnação semelhante à de João Cândido/Pombal, com muitos sofrimentos, mas que possa ser passaporte a uma situação de adiantamento espiritual.

Manuel continua a acompanhar, do plano espiritual, o desenvolvimento do movimento espírita no Brasil e a trabalhar pela extinção da escravidão.

Domingo, 13 de maio de 1888

Na fortaleza da luz, instituição do plano espiritual, Manuel Espírito vê o sol se pôr e o céu cobrir-se de estrelas na noite perfumada.

Uma leveza nasce no mais profundo do seu ser; nesse dia memorável, após quase meio século de trabalho dedicado à extinção da

escravidão no Brasil, sente que pagou suas dívidas morais como antigo mercador de escravos.

Uma importante fase de sua vida se encerra e outra se iniciará de imediato: a preparação para um novo mergulho na carne.

Sessão de aprovação da Lei Áurea (13 de maio de 1888)
Enquanto a lei humana libertava os escravos, a consciência de Manuel o libertava dos débitos advindos de sua atividade em encarnações passadas do tráfico negreiro.
Foto: A. Luís Ferreira

Sexta-feira, 14 de agosto de 1896

A encarnação de Antunes chega ao fim.

Só, do ponto de vista material, num leito do Hospital dos Lázaros, em São Paulo, tem hemoptises frequentes, em virtude da tuberculose adiantada.

O rins não funcionam adequadamente, as taxas de ureia estão altas, a garganta inflamada e vários lepromas se espalham pelo corpo em razão da hanseníase.

Dois espíritos velam por ele: Lúcia, enfermeira, e Manuel, que procura transmitir-lhe palavras de encorajamento e serenidade

Manuel está ali em trabalho de auxílio e aprendizado, pois será também leproso na próxima encarnação, para a qual se prepara.

Lúcia dedica-se principalmente a facilitar o desligamento de Antunes, que apesar das dores e desconfortos, está lúcido.

A respiração de Antunes torna-se mais ruidosa, uma golfada de sangue interrompe a respiração.

Manuel mistura seus pensamentos com os de Antunes para auxiliá-lo na passagem.

— Coragem, as dores estão chegando ao fim, Nossa Senhora das Dores[2] está vindo buscá-lo, você está de partida para o Céu... Ave Maria, cheia de graça...

O corpo de Antunes estremece, enquanto uma chuva de centelhas se projeta para fora do casulo de carne, que tem ainda alguns estertores.

A nuvem de centelhas se condensa e manuel vê surgir Antunes Espírito ao seu lado, já desencarnado.

Antunes abre os olhos, vê Lúcia e exclama:

— Nossa Senhora das Dores?

— Não, apenas sua irmã. Agora durma – disse Lúcia sorrindo.

Alguns segundos depois Antunes adormecia, outro enfermeiro apareceu para auxiliar Lúcia.

Manuel se afasta e faz uma prece agradecendo a oportunidade de trabalho junto a Antunes, que durou 40 meses.

Pensa em como será o seu desencarne na próxima existência; de um lado o alívio da partida, de outro as dores físicas e morais produzidas pela doença...

Segunda-feira, 9 de abril de 1906

Manuel Espírito está na casa de Dona Branca, no Ipiranga.

Veio "buscar" Dona Branca, que é médium, para que ela vá até o Verdade e Luz, instituição espírita situada na Rua Lavapés, próxima da praça da Sé.

Manuel está auxiliando Dona Branca por duas razões: nesse dia Dona Branca terá uma incorporação difícil, pois um espírito em sofrimento, um suicida, está sendo ligado a ela desde a manhã. As energias

---

[2] Antunes era devoto de N. Senhora das Dores e Manuel utilizava essa crença para auxiliá-lo.

enfermiças e desequilibradas do espírito afetam Dona Branca, que sente com frequência um mal-estar, bastante desconfortável; a segunda razão é o marido de Dona Branca, "Seu" Augusto, um homem bastante perturbado e que, habitualmente envolvido por obsessores, cria obstáculos sem conta para impedir a médium de comparecer à reunião espírita.

Dona Branca, em virtude de sua dedicação à atividade mediúnica, fez jus a essa proteção.

Como "Seu" Augusto não lhe fornece dinheiro para a condução até ao Verdade e Luz, Dona Branca conseguiu montar uma pequena clientela para bordado de enxovais de casamento; isso lhe garantiu, além do dinheiro para ir à instituição espírita, uma pequena verba para modestas atividades caritativas junto a vizinhança, proporcionando-lhe grande satisfação.

Manuel tem especial admiração por Dona Branca e é com sincera alegria que auxilia a valorosa senhora.

Manuel tem um rolo de fio luminoso; pacientemente passa o fio em inúmeras voltas em torno da casa, e também no sentido vertical envolvendo o telhado e o piso.

Faz esse trabalho em prece, procurando manter a mente direcionada para os mentores do Verdade e Luz.

Algum tempo depois chegava "Seu" Augusto, acompanhado do seu obsessor.

Seu Augusto entrou normalmente, porém o obsessor ficou do lado de fora, não conseguindo ultrapassar o "barbante" luminoso.

"Seu" Augusto sentiu um certo alívio, sua expressão ficou mais suave, brincou com as crianças e, coisa rara, fez um elogio à esposa.

— Como cheira bem esse jantar que você fez...

Percebeu a mulher arrumada para sair:

— Você não devia ir nesses lugares, enquanto falta à missa aos domingos; me dá vergonha saber que minha mulher é espírita, mas cada um desce do bonde como quer...

Dona Branca nada respondeu, despediu-se das crianças, beijou a face do marido e lá se foi com a proteção de Manuel.

Manuel havia programado participar do movimento espírita na próxima encarnação e frequentava o Verdade e Luz há 13 anos, aprendendo sobre as tarefas espíritas...

Segunda-feira, 4 de janeiro de 1915

Manuel Espírito, acompanhado de Gaspar Posser e de João Batista de Oliveira, está numa casa muito pobre na Cidade de Tremembé, estado de São Paulo.

Uma mulher, auxiliada por uma parteira, está dando à luz uma linda menininha.

O pai, pedreiro, com a roupa suja de cimento e cal, está muito nervoso, preocupado com a saúde da mulher e do bebê.

Mas tudo corre bem, sob a assistência de uma enfermeira espiritual.

As tarefas junto aos leprosos e ao movimento espírita tornaram-se secundárias na vida Manuel; pelos próximos anos, até o seu futuro encarne, cuidará de crianças.

O que norteia sua vida espiritual são as palavras de Jesus: *"Se vocês não forem como crianças não entrarão no Reino dos Céus"*.

Cumpre aprender a pureza de coração, a confiança extrema no Pai que está nos céus.

Os três espíritos que ali estão, inclusive a menina que acabou de nascer, conviverão por muitos anos, auxiliando-se mutuamente; com Adelaide, esse será o seu nome, e Gaspar, Manuel conviverá cerca de 70 anos; com João Batista, 50 anos.

Afeições que se perdem quanto a sua origem em séculos intermináveis, e a proposta é que se tornem eternas, pois um dos objetivos da futura encarnação é solidificar esses laços.

Julho de 1925

Manuel Espírito saiu do Verdade e Luz nas proximidades da praça da Sé e dirigiu-se para o Hospital Guapira no Jaçanã em São Paulo.

Optou por ir volitando.

Vai em velocidade moderada, a baixa altura, coisa de 200, 300 metros.

"Pousa" na margem do rio Tietê e contempla suas águas calmas.

Seu pensamento se perde num mundo de divagações.

Dentro de três meses mergulhará na carne, para nascer em julho do próximo ano na cidade de Santos.

Repentinamente sente algumas tonturas e mal-estar, isso é natural, afinal ele está com seus dias contados no mundo dos espíritos, e a "morte" no plano espiritual para o consequente nascimento no mundo material já dá os seus sinais.

Vai até o Guapira despedir-se dos amigos que lá fez em quase 20 anos de trabalho. Com o próximo nascimento passará mais de 80 anos sem vê-los novamente.

Retoma a volitação, vai acompanhando os trilhos do "trenzinho" da Cantareira.

Lá encontra Lúcia, companheira de trabalho de tantos anos; ao abraçá-la pela última vez, não consegue conter as lágrimas:

— Ore por mim, quando puder vá me ver. A provação vai ser longa e difícil, não sei se vou conseguir. Ajude-me, Lúcia, do lado de lá não verei nada, não saberei nada, sem vocês do lado de cá me ajudando eu não conseguirei...

— Coragem, Manuel, Deus estará sempre presente. Ele a ninguém desampara; quanto a mim, farei o possível e não me esquecerei de você nas minhas preces...

Essas emoções se repetiram com outros espíritos amigos do Hospital Chagas de Luz, que era a contrapartida do Guapira no plano espiritual.

— • —

Três meses depois deixava de existir Manuel Espírito, e Manuel se transformava num encarnado, ligado ao feto que se desenvolvia no ventre de sua mãe, Maria Custódio.

Um menino

A gestação

Santos, quarta-feira, 14 de outubro de 1925.

Santos vive em função do porto, e o porto vive em função do café, trazido pela estrada de ferro dos ingleses, a São Paulo Railway, que diariamente descarrega 900 vagões do produto que segue para todos os lugares do mundo.

No porto desembarca uma multidão de imigrantes, portugueses, italianos, espanhóis, sírios, japoneses, ... cerca de 40.000 por ano, e a maioria dos produtos importados, destinados ao Brasil, país pouco industrializado.

— • —

Naquela manhã o céu estava claro, a temperatura amena, 22°C, um vento suave espalhava por toda a cidade o cheiro da maresia, vinda do Atlântico.

Numa pequena casa, Maria Custódio, portuguesa, morena clara, 36 anos, casada com Luiz do Santos, também português, 40 anos, sapateiro, passa roupa com o ferro de brasas, e perde-se em pensamentos na tarefa monótona.

O marido havia ido para a sapataria; os dois meninos maiores, para o Grupo Escolar de Santos, escola majestosa, a poucas quadras de sua casa; os três meninos menores estavam em casa, o caçula no berço com apenas um ano e meio.

Maria acordara no meio da noite, com a sensação de que estava grávida. Seria, não seria? Um sorriso desenhou-se no seu rosto, começou a cantarolar um "fado".

Maria gosta de ser mãe, imagina seis homens, robustos, bonitos, saudáveis, entrando pela casa, abraçando-a, contando histórias de namoradas, depois os casamentos, os netos. Pergunta a si mesma:

— Por que imaginou que o sexto filho também será homem?

— Porque os cinco anteriores o foram, e porque poderá aproveitar o enxoval em azul de Álvaro, o caçula, para o próximo.

— • —

Maria não vê, no entanto, outras pessoas na casa: benfeitores espirituais que zelam pela gestação em curso e, também, o futuro reencarnante ligado a Maria e que, embora inconsciente, lhe provoca essas emoções afetivas; é um espírito amigo que já construiu com ela em encarnações passadas doces laços de amor.

Conquanto ainda não tenha nome, pois nem a própria mãe tem certeza de sua existência, nós o chamaremos de Neco, nome pelo qual Maria chamará Manuel, seu próximo filho.

Conquanto adormecida para o mundo exterior, a mente de Neco trabalha febrilmente, em nível inconsciente, colaborando na plasmagem de seu corpo físico.

— • —

À noite, naqueles dias, comparecem técnicos especializados do mundo espiritual, e os trabalhos semelham uma sessão de efeitos físicos no plano espiritual.

Porém, em vez de ser um médium o doador de fluidos, é a própria Maria que os doa, secundada pelo pai, Luiz, adormecido ao seu lado; ao contrário da sessão no centro, que duraria algumas horas, aquele trabalho durará nove meses; em lugar de uma forma transitória, que desaparecerá ao término da reunião de materialização, aquela forma persistirá por muitas décadas cumprindo as suas tarefas no plano físico.

E o corpo foi surgindo, os primórdios do tubo intestinal que posteriormente começou a dilatar-se dando origem ao estômago e alças diversas; o tubo epidérmico que daria origem à pele; o tubo nervoso dobrando-se sobre si mesmo e formando o cérebro e a coluna vertebral.

Era comovente ver o carinho dos benfeitores espirituais e o fervor de suas orações enquanto faziam o delicado e complexo trabalho.

Quinta-feira, 5 de novembro de 1925

Nesse dia, Maria, que era muito regular nas suas menstruações, constatando uma semana de atraso concluiu que estava grávida.

Comunicou o fato ao marido, que também alegrou-se com a ideia.

À noite, os benfeitores espirituais, satisfeitos, elevaram suas preces a Deus, pois tudo corria bem, o trabalho básico estava feito: no tubo intestinal já se delineava o esôfago, as pregas do intestino, e saliências preconizavam glândulas; elementos do cérebro, vasos sanguíneos, músculos e ossos estavam em formação.

Neco, recapitulando a sua escalada biológica evolutiva, aparentava um peixe, inclusive com as reentrâncias das guelras, memória de cerca de 400 milhões de anos no passado, quando de sua passagem pelos oceanos no período geológico devoniano[3], antes ainda do surgimento dos dinossauros.

Tendo as bases orgânicas já esboçadas, a complexidade e o dinamismo do feto eram impressionantes, embora o corpo do Neco medisse pouco mais de um milímetro.

— • —

Se a nossa frente se estende a imortalidade, não devemos esquecer que nosso passado, embora não sendo infinito, é incrivelmente extenso.

---

[3] Período geológico que está compreendido entre 416 milhões e 359 milhões de anos atrás.

SANTOS, 8 DE JULHO DE 1926

O dia 8 de julho de 1926, uma quinta-feira, transcorria como tantos outros em Santos.

O Santos F. C. treinaria à tarde na Vila Belmiro; a diretoria solicitara o comparecimento de todos os associados no estádio para incentivo aos jogadores, que estavam enfrentando um momento difícil.

Na cidade de Santos o tráfego começava a dar problemas, sete veículos foram multados por estacionamento proibido e nove condutores foram flagrados sem possuir cartas de habilitação.

Lojas de automóveis punham à venda partidas elétricas para os veículos, garantindo que o sistema eliminava de vez as cansativas manivelas necessárias para por os motores em movimento.

Anúncio de Caminhão – 1926

Seria o fim da cena tão comum de um motorista curvado na frente do veículo, em mangas de camisa, suarento e irritado, virando a manivela sem parar, enquanto o automóvel ou caminhão não dava nenhum sinal?

No porto os navios levavam o café para todos os lugares do mundo e traziam imigrantes, também, de todas as partes do mundo.

— • —

Nessa mesma tarde, em Santos, numa avenida longa e larga sem pavimentação, numa pequena casa, na sala, cinco pessoas:

O pai, Luiz, a um canto, visivelmente nervoso.

A tia, Luzia, tendo Álvaro, de 2 anos, ao colo.

Antônio de 6 e Zeca com 4 anos, estavam de pé, cada um de um lado da tia, segurando seu vestido, procurando proteção e apoio.

Toda vez que ouviam gemidos vindos do quarto, as crianças se assustavam e se encostavam mais na tia. Os gemidos eram de Maria Custódio, a mãe, próxima a dar à luz seu sexto filho.

Vez por outra, Antônia, uma senhora já dos seus 60 anos, algo obesa, entrava e saía do quarto. Antônia era parteira.

Finalmente, ouviu-se o chorinho do bebê; os semblantes se desanuviaram. Minutos depois, Antônia entrava na sala com um belo bebê ao colo.

Todos se aproximaram para vê-lo, com exceção de Luiz, que se precipitou para o quarto para ver a esposa.

Maria Custódio tinha o rosto banhado em lágrimas, e seu coração agradecia ao Deus e a Nossa Senhora, mãe de Jesus, a dádiva que o Céu lhe concedia.

Maria Custódio era essencialmente mãe; o sentimento materno era a base e o objetivo de sua existência.

Uma pontinha de tristeza: seis filhos, seis homens, será que Deus não lhe reservaria uma menininha?

— • —

No fim da tarde, chegaram da escola os dois meninos, João e Alberto, com 10 e 8 anos respectivamente.

Ficaram surpresos e alegres com a notícia do sexto irmãozinho, que viera pelas "asas da cegonha".

Luiz, o pai de relacionamento fácil, era bom artesão, não lhe faltava trabalho na sapataria; não se atemorizou com o novo encargo.

— • —

Dias depois o pai comparecia ao cartório e registrava o novo filho com o nome de Manuel dos Santos.

Maria Custódio, todavia, resolveu chamar o menino de "Neco", soando-lhe melhor que "Manezinho".

— • —

Um ano passou, Neco foi batizado em meio ao carinho de tios, tias e primos.

A criança crescia normalmente, aprendeu a falar e a andar, rapidamente, era muito apegada à mãe e também aos irmãos.

— • —

O coração da criança
É como um lírio de luz
Cultiva essa flor sagrada
Para o jardim de Jesus.

No recomeço da vida
O amor pode trabalhar,
Renovando os sentimentos
No templo de luz do lar.[4]

---

[4] João de Deus – *Jardim da Infância* – Chico Xavier – FEB.

Uma menininha

Em 1929, quando Neco se aproximava dos 3 anos, o ambiente na sua casa, em Santos, no Brasil e no mundo tornou-se mais tenso.

A Bolsa de Nova Iorque quebrou, o preço do café despencou, inúmeras empresas e fazendeiros faliram, milhares de brasileiros perderam seus empregos.

Luiz preocupou-se com a crise, mas na sapataria os serviços prosseguiram no mesmo ritmo. Se alguns esperavam mais para levar o sapato ao conserto, outros deixavam de comprar um sapato novo e preferiam consertar o velho.

Mas tudo isso passou despercebido ao menino de 3 anos.

O que não passou despercebido foi o nascimento de uma irmã; depois de seis homens, Maria Custódio deu à Luz uma menina, vindo ao mundo alegre e risonha sem a mínima preocupação com a cotação das ações na Bolsa de Nova Iorque.

O bebê recebeu o nome de Alda, pequenina flor por dentro e por fora; era chamada carinhosamente de Aldinha.

Desde pequena teve um afeto especial do irmão João, 13 anos mais velho que ela.

Deixemos porém Neco e sua linda irmanzinha em Santos e sigamos até o Rio de Janeiro, para acompanhar Conceição, que seria, no futuro, personagem importante na vida de Neco.

Conceição, inteligente, corajosa e bonita, tivera uma adolescência atribulada. Aos 15 anos, em 1923, ficara grávida, o pai não assumira o filho, a gestação teve como desfecho um aborto espontâneo.

Dados os costumes conservadores da época, que lhe vetavam um casamento normal, e sendo pobre, numa atitude desatinada, casou-se com Horácio, 27 anos mais velho, porém com boa condição financeira.

O casamento durou três anos, mais duas gestações frustradas e uma menina, Sônia, uma flor de alegria e pureza, num pântano de dores e desatinos que cercava aquela jovem.

Após a separação Conceição foi para o Rio de Janeiro, levando a mãe, a filha e a irmã, suas dependentes.

No Rio teve um relacionamento com fortes componentes econômicos, um noivado com um viúvo, bem mais velho que ela, o político Marquês Porto, Secretário de Viação e Obras Públicas do Rio de Janeiro.

Terminou com Marquês Porto, quando outro homem surgiu conquistando seu coração e seu interesse: Procópio Ferreira.

Procópio Ferreira, pai da futura atriz Bibi Ferreira, homem de teatro, culto, boa situação financeira, uma celebridade, bem relacionado com a alta sociedade do Rio de Janeiro: empresários, políticos, artistas e intelectuais.

Presentes

17 de outubro de 1928

Conforme haviam combinado, o aniversário de 20 anos de Conceição seria comemorado, pelo casal de namorados, com um passeio à tarde e um jantar à noite.

No começo da tarde Procópio levou-a para passear de automóvel, ele solicitou ao motorista particular que parasse o veículo.

Mostrou-lhe em frente uma bela casa em meio a "grandes e copadas árvores"; perguntou-lhe:

— Gosta dessa casa?

— Gosto.

— Viveria feliz dentro dela?

Ela titubeou, surpresa; mas aceitou. A seguir ele pediu ao motorista que os conduzissem ao teatro, para tomarem um chá.

Aproveitando a oportunidade, Procópio ofertou a Conceição algumas joias: um relógio com a pulseira cravejada de brilhantes, uma pulseira larga também cravejada de brilhantes e um anel com um enorme brilhante branco azul.

Segundo seu próprio depoimento:

"Achei tudo tão bonito, 'deslumbrantemente' lindo, mas, de alguma forma, achei que estava sendo comprada!

Quando voltei a mim, ele estava me olhando meio espantado.

— Você não gostou da surpresa?

— Gostei, gostei muito, e se devo escolher, quero ser sincera: prefiro este anel, é espantosamente linda esta pedra.

— Você não terá de escolher, são todas suas essas joias: o relógio é o meu presente de namorado; a pulseira, de noivado e o anel, de casamento."

Legalmente Procópio não poderia casar-se, pois era desquitado, a legislação de então não permitia o divórcio.

A noite se encerrou com um jantar em que compareceram "as mais expressivas figuras da sociedade": poetas, políticos, empresários, etc.

Porém como ela própria descreveria anos mais tarde, ao deitar-se, naquela noite de aniversário:

"No escuro coado do meu quarto, em cima da penteadeira, as joias faiscavam. Aquela pulseira larga pareceu-me os dentes brilhantes do diabo, que apareciam através de sua boca escancarada numa gargalhada feliz. O diabo também estava feliz!"

Os infatigáveis benfeitores espirituais penetraram no quarto, afastaram os espíritos perturbados e deram-lhe passes para que pelo menos tivesse uma noite de refazimento.

Outros presentes de Procópio

Além da casa e das joias, Procópio deu algumas coisas a Conceição, que lhe marcariam pelo resto da vida:

• Como homem inteligente e culto estimulou-a na leitura das mais diversas obras, desenvolvendo a sua inteligência, dilatando a sua compreensão e sua capacidade de estudo;

• Como homem de teatro introduziu-a na vida artística, tornando-a conhecida do país inteiro ao apresentar-se como atriz principal de peças de grande sucesso, como "Deus Lhe Pague" e "O Bobo do Rei", que foram levadas nas principais cidades do Brasil. No teatro Conceição usou o nome artístico de "Regina Maura";

• Como celebridade, levou Conceição a conhecer por intermédio dele as principais figuras políticas, empresariais e artísticas do país.

O relacionamento com Procópio durou apenas três anos, terminando em brigas noticiadas com estardalhaço pelos jornais.

Pouco depois da separação de Procópio, morreu a sua filha Sônia.

Sentiu a separação como enorme bisturi, cortando-a, tirando dela a alegria, a juventude. O duro golpe a marcaria pelo resto da vida; tinha apenas 23 anos e, por vezes, sentia-se uma velha.

Procópio Ferreira
Procópio Ferreira ofertando retrato para Soninha, filha de Conceição.

A Cruz Vermelha

Nessa época de sua vida fez alguns cursos e trabalhou como voluntária em postos de saúde e também na Cruz Vermelha Brasileira, ocupando os cargos de "Samaritana" e "Monitora".

No seu coração tumultuado germinava uma plantinha cristã: o amor aos doentes.

A providência divina abria para a moça instável e desencontrada uma porta de salvação.

Por essa porta entraria, no futuro, o sentimento de gratidão de milhares de pessoas, inclusive do próprio Neco.

Cartaz de espetáculo de Regina Maura, pseudônimo de Conceição.

—— • ——

A ventura não é feita
De nossas posses e mimos,
Ela nos surge perfeita
Das bênçãos que repartimos.[5]

---

[5] Lobo da Costa – *Paz e Alegria* – Chico Xavier – GEEM.

Sete anos

Voltemos agora a Neco, em Santos.

Em 1933, Neco completou 7 anos, foi um ano muito importante de sua vida; vejamos alguns acontecimentos.

A linda escola

Cesário Bastos
Grupo Escolar de Santos.

Manhã, início de março de 1933.

Três meninos com suas calças curtas azul-marinho, camisas e meias brancas, sapatos pretos, pastas de couro para o material escolar e lancheiras a tiracolo seguem pela Av. Rangel Pestana, na Vila Mathias, em Santos.

São os irmãos: Zeca com 10, Álvaro com 8, Neco com 6.

Neco está tenso, tudo é novidade; pela primeira vez entrará no majestoso prédio do "Grupo Escolar de Santos – Cesário Bastos".

Para o menino de 6 anos, o prédio com três andares é imenso e bonito. Os vitrais coloridos, os corredores amplos, com seus azulejos hidráulicos formando desenhos, impressionam Neco.

Professoras e serventes orientam os alunos, especialmente os pequeninos, ordenando as filas para dirigirem-se às salas de aula.

Neco é designado para a Primeira C; depois de algumas confusões, a fila é montada e dona Elisângela os conduz à sala de aula, logo no primeiro andar.

— • —

O Grupo Escolar de Santos é a afirmação do esforço de quebrar as imensas desigualdades do país através da educação.

Ali os filhos do sapateiro têm as mesmas oportunidades do filho do exportador de café, e ali, naquele quarteirão, a República adquire sentido.

A população em geral e o governo sentem isso, o Grupo Escolar tem a simpatia e o respeito de todos.

O governo estadual investe pesado nas "escolas normais", procurando dar a melhor formação aos professores, e ao magistério a feição de sacerdócio patriótico.

No ano seguinte, 1934, o próprio governador do Estado, Armando de Sales Oliveira, levaria a bom termo a fundação de uma grande universidade no Estado, a Universidade de São Paulo.

Os alunos estimam a escola, e aquele que tentar danificar ou macular o Grupo Escolar terá de se haver com os próprios colegas.

O Grupo Escolar no entanto é mais estrangeiro que brasileiro: 60% dos alunos, como Neco e seus irmãos, são descendentes de imigrantes europeus; Os vitrais coloridos vieram da Índia, as portas e vidros da janelas da Alemanha; as louças, metais sanitários, encanamento de cobre da Inglaterra, as escadas de mármore e baixo-relevos nas colunas com rostos de crianças da Itália...

— • —

O menino de 6 anos não sabe dessas coisas, mas sente uma ponta de orgulho por estar ali.

A professora é para ele o grande referencial; sua palavra é lei, ela é um prolongamento da mãe, vai amamentá-lo com o conhecimento, irá ensiná-lo a ler, escrever e contar; a professora corresponde aos anseios do menino, tocada no seu sentimento maternal por aquelas dezenas de crianças ingênuas.

Neco participa encantado das festas cívicas que ocorrem na escola: Tiradentes, Independência, Proclamação da República, Dia da Bandeira e se integra ao "mar" de crianças, pois o Grupo Escolar abriga mais de 50 classes distribuídas pelos vários horários.

Um médico e três dentistas zelam pela saúde das crianças.

Nesses dias apenas uma das peças do uniforme muda, a calça curta azul-marinho é substituída por calças brancas e compridas.

Pela manhã o menino percebe o olhar de enlevo com que a mãe o envolve. Ele ouve a voz terna e doce de Maria dizendo:

— Neco, você já é um homenzinho.

No Grupo Escolar de Santos há festa, a fanfarra toca, as crianças cantam e desfilam pela rua.

Antes do início das aulas Neco canta o hino nacional, um tom ufanista se irradia da professora quando ela fala do Brasil. Na mente e no coração do menino a professora desperta o amor ao Brasil, um país grande e bonito.

— • —

Uma coisa que sensibilizou muito o menino foram as aulas de higiene: lavar as mão depois de ir ao banheiro e antes das refeições; escovar os dentes três vezes ao dia.

Cinquenta anos depois[6] ainda se lembraria das recomendações da professora e nas suas conversas com amigos diria:

---

[6] Meados da década de 1980.

— Os senhores da audiência no Brasil, os autores de novelas para TV, deveriam incluir cenas que reforçassem no público as noções básicas de higiene: lavar as mãos, escovar os dentes, banho diário; uma estatística aponta como um dos fatores importantes de infecção hospitalar o fato de médicos e enfermeiras não lavarem as mãos com a necessária frequência, imagine então o resto da população...

— • —

No segundo semestre da primeira série, Neco já está alfabetizado.

É um menino saudável de corpo e alma.

Gosta da escola, mas adora as férias e a praia, brinca na rua com outras crianças e, naturalmente, como todos os seus irmãos, torce pelo Santos F. C.

— • —

À professora querida,
Que orienta nossa vida
Com tanta dedicação,
Traze sempre, meu filhinho,
As rosas de teu carinho
Na bênção da gratidão.[7]

O PRINCÍPIO DAS DORES

Nesse mesmo ano de 1933, algo grave aconteceu no lar de Luiz e Maria Custódio.

Sua mãe volta e meia precipitava-se num pranto convulso, e o menino via também os irmãos mais velhos chorando.

Luiz, o pai, bebia, tornava-se agressivo e dirigia palavras grosseiras à mãe e aos filhos.

---

[7] João de Deus – *Jardim da Infância* – Chico Xavier – FEB.

O motivo de toda essa angústia era que Alberto, o segundo filho do casal, com 15 anos, ficara doente e fora levado embora de casa para um hospital.

Uma vez por mês, Luiz e Maria Custódio iam visitá-lo em São Paulo.

Neco passou a ouvir por vezes as palavras "lepra" e "leprosário" ditas em voz baixa e com consternação.

Tios, primas e primos afastaram-se da casa.

O sigilo precisava ser mantido para que não afetasse o negócio do pai e protegesse os irmãos do estigma.

Porém o menino não compreendia bem o que se passava, e sua vida seguia o seu curso normalmente, aquelas cenas não conseguiram abater a alegria de estudar na "linda escola", de brincar e de receber o afeto da "mamãe", prazeres próprios de um menino bonito, inteligente e saudável.

O CÉU PROTEGE O BELO MENINO

Maria não inscreveu Neco em nenhum concurso de robustez infantil, comuns naquela época, mas certamente o menino seria um candidato forte.

Os que viam e admiravam aquela criança bonita, com suas atitudes inocentes, asseada, amiga dos livros e gostando de correr e cantar, não sabiam o que aquele espírito trazia em seu íntimo: vícios, virtudes, ideais e propostas de vida, medos e ansiedades, ...

A capa da inocência e da ingenuidade com que a sabedoria divina o revestia era manto protetor, ocultando que fora, por vezes, criminoso e mau, apresentando-o como ele deveria ser: inocente e bom.

Isso acontecia porque ele precisava despertar o amor dos pais, principalmente da mãe, que o cobria de carícias, envolvendo o menino em meigo afeto e benevolência.

O menino precisava romper com o passado, para que seu espírito pudesse marchar desassombrado para o futuro.

Esse rompimento iniciou-se com o sono fetal de nove meses e prosseguiu durante os primeiros sete anos da infância, em que a mente estava entorpecida, causando um intenso esquecimento do passado, aliviando Neco das lembranças das vidas anteriores, podendo direcionar-se para novas conquistas.

Nesses 3.000 dias de prostração psíquica, tudo foi novo: corpo novo, principalmente cérebro novo, com um quadro diferente de possibilidades e limitações, nova mãe e novo pai, nova cidade e novo país; todas essas influências o abasteceram de novos conceitos e pensamentos a respeito de si próprio, induzindo a renovação do seu espírito.

A etapa infantil do menino foi acompanhada com grande desvelo pelo plano espiritual; além de seu anjo da guarda, Fabrício, espírito de notável elevação, responsabilizando-se pela sua preparação para a existência atual, e assumindo a tarefa de conduzi-lo na vida presente, tivera a meiga e doce Joana, sua filha em encarnações passadas, que durante os seus primeiros sete anos, esteve ao seu lado, como babá espiritual, dedicadíssima, acompanhando seu desenvolvimento e seguindo as determinações de Fabrício e outros benfeitores, para que tudo acontecesse da melhor forma.

Essa proteção não deve ser entendida como uma gaiola dourada de mimos; foram permitidos alguns choques psíquicos advindos do alcoolismo do pai e de incômodos físicos próprios da idade infantil, gases e regurgitação, necessários ao despertamento de alguns reflexos condicionados. Porém esses contratempos foram convenientemente dosados para que impressionassem a psique de Neco na medida necessária ao seu desenvolvimento futuro.

Com o passar do tempo a mente do menino foi, pouco a pouco, tornando-se menos impressionável e, aos 7 anos, tendo condições de enfrentar os embates da vida de relação, Fabrício, o responsável pelo apoio espiritual, deu por terminada essa etapa de intensa proteção.

O processo de integração entre o espírito e o corpo estava terminado. O barco deixava o estaleiro e entrava na água, não se faria em mar alto, pois faltavam alguns ajustes, mas estava habilitado a navegar.

Nesse ano de 1933, Joana desligou-se de sua atividade diuturna ao lado de Neco, para cumprir outras tarefas no mundo espiritual, mantendo contudo os vínculos afetivos.

Neco iniciava sua caminhada de aprimoramento pelas bênçãos de Deus, em direção à luz da imortalidade.

— • —

É de se notar que Neco não foi um privilegiado; esses primeiros anos seguem o mesmo padrão para a maioria das crianças, cumprindo observar que é mais comum esse sono durar mais tempo, pois espíritos menos ativos intelectualmente dormem em letargia por longo período antes de abrigarem-se no ventre materno.

Um alerta aos pais: tenham um olhar atento, percebam os pequenos sinais da realidade do espírito, que transparecem sob o manto da inocência por vezes: um ato agressivo com um bichinho de pelúcia, um gesto de posse excessiva não repartindo uma guloseima, etc. Procurem reverter essas tendências nessa tenra idade enquanto a alma da criança é facilmente moldável.

Quanto a nós mesmos, reflitamos: provavelmente experimentaremos a velhice, quando novamente as forças físicas ficarão adormecidas, e de certa forma voltaremos à infância; que tenhamos sucessos nas lutas da encarnação e que possamos nos apresentar como esses velhinhos e velhinhas mansos, doces e meigos, com uma vibração de inocência, uma pureza, não apenas aparente, mas nascida do desprendimento, da sabedoria da experiência, das dores suportadas com resignação, das vitórias morais alcançadas sobre si próprios.

NOTÍCIAS DO MENINO NECO

O menino Neco terminou em 1933 a primeira série do curso primário, sendo aprovado com boas notas e bom comportamento.

O ano de 1934 transcorreu sem maiores novidades; frequentava o Grupo Escolar de Santos, brincava na rua com as crianças vizinhas, em junho encantava-se com os balões coloridos subindo ao céu, e no Natal esperava com ansiedade os presentes simples que o pai, sapateiro e pequeno comerciante de calçados, podia comprar.

Uma coisa que o menino não aprendeu foi rezar; nem a mãe, nem o pai, nem a professora o ensinaram a elevar o pensamento a Deus, a ter em Jesus seu amigo e mestre maior.

— • —

O ano de 1935 começou normalmente, em março se iniciaram as aulas. Neco está matriculado no terceira série do curso primário.

Nesse mês, num domingo, a vida do menino teria uma grande mudança, a estrada do destino faria uma curva acentuada.

DOMINGO, 17 DE MARÇO DE 1935

Era o terceiro domingo do mês, dia de visitar o Alberto, segundo filho de Maria Custódio, e Luiz Soares, que estava internado no Asylo Colônia Santo Ângelo. A família levantou-se muito cedo e desta vez Neco e Zeca iriam juntos na visita.

Maria Custódio aprontou com cuidado os dois meninos. Neco, com 8 anos, faria 9 em julho, e Zeca, com 13; pôs os dois na sua frente e contemplou por alguns minutos, num misto de alegria e tristeza, as duas belas crianças com que Deus lhe presenteara.

Aí começaram as emoções do dia para os meninos. De início o embarque: a bela estação ferroviária de Santos sempre muito movimentada, a limpeza, pontualidade e sofisticação da São Paulo Railway, administrada pelos ingleses, o trem pleno de ruídos, passageiros apressados, a janela, o apito estridente, a posta em marcha, a cidade ficando para trás.

Minutos após Zeca e Neco, grudados à janela, observavam a Serra do Mar se agigantando à medida que se aproximavam. A serra estava florida; quaresmeiras e manacás salpicavam o verde escuro da mata atlântica com os mais variados tons, indo do branco, passando a um lilás suave, chegando finalmente ao violeta escuro.

A Serra do Mar parecia um buquê de flores onde a neblina translúcida tomava o lugar do papel de seda e os fios d'água prateados, correndo pelos morros aqui e ali, semelhavam fitas amarrando as flores.

Depois a subida íngreme, onde mediante vários patamares a locomotiva do trem era puxada por meio de cabos por locomotivas auxiliares fixadas no alto da serra. Cada parada para fixação dos cabos era acompanhada com grande atenção pelas crianças, que se entusiasmavam com a inclinação do trem na subida.

Vencida a serra, logo se depararam com Paranapiacaba, a Vila dos Ingleses, administradores da estrada, com suas casa de madeira pintadas de marrom, as grandes oficinas, o campo de futebol; depois o relevo relativamente suave do planalto, as cidades de São Bernardo, Santo André, São Caetano; os subúrbios da capital do estado, São Paulo, com suas fábricas e chaminés a se perderem nas alturas.

Novas emoções com a estação do Brás, a baldeação, o pequeno lanche que Maria preparara; a Central do Brasil e o embarque num novo trem, sem o glamour da estrada de ferro dos ingleses, mas também com seu encanto e sua simplicidade.

Luiz dos Santos, o pai, aproveitou o ensejo para tomar uns dois ou três copinhos de "rabo de galo"[8].

Se a locomotiva a vapor da Central do Brasil era muito incômoda para os adultos, pelas fagulhas que lançava por vezes queimando as roupas, para as crianças era muito mais divertida com seus grandes jatos de vapor branco contrastando com a fumaça negra, seus apitos estridentes, parando a toda hora.

A várzea do Tietê, desfilando sua planície povoada com hortas e fazendas de criação de gado; desembarcaram na estação de Jundiapeba, no município de Mogi das Cruzes[9].

A TRISTE CARAVANA

A estação era literalmente uma construção no meio do nada, várias pessoas desceram na estação, as crianças não registraram conscientemente o fato, mas a expressão dos que desciam era triste e desesperançada: alguns olhos vermelhos, lágrimas por vezes desciam pela face das senhoras, quase todas levando pacotes e comidas embrulhadas em panos de prato.

As crianças, caminhando com os pais, absorveram a tristeza que reinava naquelas 70 pessoas caminhando pela estrada empoeirada, e perderam a expressão alegre e entusiasmada a se refletir nos olhos brilhantes, nas perguntas e comentários a surgirem espontâneos.

A estrada de chão batido se arrastava por cerca de 5 quilômetros sem nenhum tipo de construção às sua margens; alguns idosos sofriam com os males da idade agravados pelo cansaço e pelas dores, principalmente os que sofriam de moléstias reumáticas, comuns e incuráveis na época.

---

[8] Bebida obtida a partir da mistura de cachaça com vermute.

[9] Na época, pequena cidade a 50 quilômetros da capital.

Neco começou a reclamar da caminhada que não terminava nunca; a mãe, de olhos vermelhos, procurava esconder as emoções; o pai estava um tanto alheio, mergulhado nos seus cismares e com a mente enevoada pelo álcool ingerido na estação do Brás.

Repentinamente a estrada terminou num grande portão, com os dizeres:

"Aqui renasce a esperança".

Asylo Colônia Santo Ângelo
Primeira portaria.

O pequeno Neco leu com sua voz infantil o letreiro do portão.

Asylo Colônia Santo Ângelo

Façamos uma pequena digressão na narrativa para fornecer ao leitor algumas informações sobre a Leprosaria Modelo Asylo Colonia Santo Ângelo[10], que passaremos a chamar doravante de simplesmente "Santo Ângelo".

Santo Ângelo nasceu de um ideal do médico Emílio Ribas[11], a quem depois se juntaram outros vultos notáveis.

---

[10] Mais informações sobre a origem e o projeto de Santo Ângelo podem ser encontradas no *Buscando a Luz*, primeiro volume desta trilogia.

[11] Emílio Ribas, médico e cientista, com extenso currículo, contribuiu na erradicação da febre amarela.

Constatando o elevado número de leprosos do estado e as condições péssimas em que viviam, muitos vagando pelas estradas e entregues à mendicância, Ribas imaginou que a solução seria criar um grande hospital, onde os doentes pobres pudessem trabalhar, viver em segurança e ter assistência médica, levando uma vida quase normal, posto que a doença fosse incurável.

Os doentes com melhor situação financeira continuariam vivendo em suas casas, porém com adequadas condições de higiene, que seriam fiscalizadas pelo poder público.

Homem de grande capacidade de realização, tendo a colaboração de José Carlos Macedo Soares[12], em pouco mais de dois anos, em 1918, conseguiu um terreno e um projeto elaborado gratuitamente pelo escritório do arquiteto Adelardo Cayubi a ser construído e administrado pela Santa Casa de Misericórdia.

Artur Neiva, destacado médico e colaborador do projeto, dizia que Santo Ângelo seria "a maior obra de caridade já instituída no Brasil".

Porém o governo do estado, movido por razões não muito claras assumiu o projeto, que foi em parte desvirtuado, arrastando-se a construção por dez anos.

Em 1928, o hospital foi inaugurado e começou a receber os doentes.

Em 1930, no bojo das modificações administrativas produzidas pela instalação da ditadura Vargas, assumiu a chefia da Inspetoria de Profilaxia da Lepra (IPL) o médico Francisco Sales Gomes, que desfiguraria ainda mais as ideias de Emílio Ribas.

Sales Gomes instituiu o isolamento compulsório, obrigando que todos os doentes de lepra fossem internados, sob pena de prisão, inde-

---

[12] Macedo Soares era homem de grande capacidade, historiador, político, empresário, membro da Academia Brasileira de Letras, presidente da Associação Comercial de São Paulo e Ministro do Exterior, entre outras posições de destaque.

pendentemente de terem ou não condições de fazer o tratamento em suas residências; cercas de arame farpado passaram a impedir qualquer contato com as pessoas do mundo externo.

As visitas foram muito reduzidas, guardas passaram a fazer a vigilância para que os pacientes não fugissem; doentes passaram a ser "caçados" e conduzidos nas temíveis ambulâncias pintadas de preto da IPL...

Assim, a "maior obra de caridade já construída no Brasil" transformou-se num enorme hospital prisão.

— • —

Asylo Colônia Santo Ângelo
Vista aérea – década 1930.

O Asylo Colônia Santo Ângelo ocupava algumas centenas de hectares; inicialmente com capacidade para abrigar cerca de mil internados, seria sucessivamente ampliado chegando a ter mais de 2.000 pacientes.

Constituía-se de algumas dezenas de edifícios distribuídos pelo altiplano dos Campos de Santo Ângelo, incluindo pequeninos bairros com ruas ajardinadas, onde se agrupavam as casas para moradia de internos casados, ou mesmo solteiros, que tivessem dinheiro para comprá-las.

Nas suas granjas criavam-se animais, plantavam-se hortaliças e pomares que proviam a alimentação dos internos.

Padaria, barbearia, oficinas de costura, cineteatro, manutenção elétrica e hidráulica, jardinagem, escola e igreja proviam a população de serviços, cuja quase totalidade era prestada pelos próprios internos.

A administração era centralizada na "Prefeitura", conduzida por um "Prefeito" também interno e subordinado diretamente à autoridade máxima, o Diretor.

Tudo isso também caracterizava Santo Ângelo como um hospital-cidade.

A CONDENAÇÃO

Feito este interregno, voltemos à cena: Neco entrando em Santo Ângelo.

Como alguém que já conhecesse o caminho, após a identificação junto aos guardas da portaria, Luiz, Maria Custódio, Neco e Zeca entraram num amplo espaço povoado de edificações e jardins.

Curiosas, as crianças ficaram olhando para trás e vendo que as outras pessoas da caravana não entraram no hospital, mas se dirigiam e sentavam-se em bancos de frente a uma cerca dupla de arame farpado, ao lado da portaria.

Neco contemplou, admirado, aquela pequena cidade que surgia, com ruas ajardinadas, margeadas por edifícios, onde dezenas de homens e mulheres caminhavam naquela tarde de domingo.

O pequeno grupo familiar dirigiu-se para um dos edifícios do complexo hospitalar, passaram por algumas salas e foram introduzidos numa sala de exames onde estava um enfermeiro, Virgílio.

Estavam cumprindo disposições legais, pois o fato de Alberto, filho de Maria Custódio e Luiz, ser hanseniano tornava obrigatório que os parentes diretos fizessem exames periódicos, atestando sua sanidade.

Inicialmente as crianças passaram pelos exames preliminares com o enfermeiro Virgílio, moço alegre de 22 anos. Para descontrair as crianças Virgílio fez alguns comentários sobre futebol, esporte que inclusive praticava:

— Então temos aqui dois santistas; vamos ver se vocês têm pernas para vencer o Corinthians e o São Paulo...

Logo depois entrou o médico, Dr. Mattos, sério, vestido de branco da cabeça aos pés, com gorro, avental, as mangas do jaleco envolta em luvas, máscara, em completo contraste com o enfermeiro, sério e lacônico, obteve com Virgílio os dados preliminares, examinou o Zeca e depois o Neco.

O Dr. Matos, observando algumas manchas na pele, mais acentuadas no Zeca e mínimas no Neco, dirigiu-se ao pai das crianças, Luiz:

— Os meninos têm algumas manchinhas na pele; o senhor quer deixá-los aqui para observação, ou prefere levá-los de volta para Santos? A decisão é sua, o que o senhor resolve?

Maria, angustiada, aguardava ansiosa a resposta do marido; humilde e submissa mantinha-se em silêncio.

Fosse pela bebida alcoólica que Luiz tomara na estação do Brás, e a consequente indiferença provocada pelo álcool face a família, fosse por uma momentânea perda de raciocínio, fosse pela influência de obsessores sempre rondando pessoas dependentes de bebida, sabe-se lá por quê, Luiz manteve-se em silêncio, alheio ao que acontecia, por largo intervalo de tempo, sem nada responder.

Como Luiz não se manifestava, Dr. Mattos tomou a decisão:

— Deixe as crianças aqui para observação.

Preencheu alguns papéis e saiu da sala, deixando que o enfermeiro tomasse as demais providências.

As lágrimas agora corriam pelo rosto de Maria Custódio, seu coração sensível de mãe era encarcerado numa gaiola de espinhos, enquanto sua inteligência descortinava a longa duração, a gravidade da pena e os tormentos que enfrentaria.

Em Luiz a expressão de alheamento se acentuou, sua mente queria fugir, não queria pensar, não queria agir, não queria ser nem estar ali, queria apenas embotar-se.

As crianças despediram-se dos pais e foram conduzidas a pavilhões diferentes.

A SENTENÇA

Dentro das leis da época, sendo lepra tida como moléstia incurável, Neco estava condenado a ficar preso num leprosário, até que a morte o libertasse.

Estava proibido de todo e qualquer contato físico com pessoas tidas como sadias; doravante seria um "órfão de pais vivos".

O menino de 8 anos jamais poderia receber um beijo de sua mãe, ou um simples afago dos tios, avós ou primos que ficavam do lado de fora.

Não mais frequentaria o lindo Grupo Escolar de Santos, os desfiles, as festas cívicas; não veria os vitrais indianos coloridos, as professoras, as escadas de mármore impecavelmente limpas...

Jamais sua mãe compareceria numa reunião na escola, trataria de uma enfermidade infantil, cantaria a seu lado junto com os demais irmãos, numa festinha singela, o "parabéns a você..."

Pelo resto da vida estava proibido de ver o mar, ir à praia, fazer uma viagem, passar a tarde na casa de um colega fazendo uma tarefa de escola...

Não poderia cursar uma universidade ou folhear um jornal, procurando uma oferta de emprego...

Estava impedido de carregar um filho no colo, ou quando velho, brincar com um neto.

— • —

De outro lado estava protegido por aquelas cercas de arame farpado, por aquela estradinha difícil, por aquele entorno deserto, do preconceito e da ignorância de uma sociedade cruel.

Ali, naquele pequeno mundo, não inspiraria medo nem repulsa.

— • —

Porém na sua situação infantil, Neco não compreendia essas coisas.

Via apenas que a distancia de sua mãe aumentava enquanto Virgílio o conduzia para o alojamento dos meninos; aquela distância era horrível e precisava fazer muita força para não chorar.

Pobre Luiz

Luiz transferiu uma decisão que era dele, na sua situação de pai, para o médico. Todavia devemos reconhecer que Luiz, naquele momento de desorientação, foi apenas um instrumento da vontade do próprio Neco, que antes de reencarnar decidiu solicitar à misericórdia divina a prova redentora do isolamento e da hanseníase.

Melhor teria feito Luiz se houvesse lutado por manter o filho ao seu lado, dando-lhe proteção e carinho; a providência divina encontraria outra forma de proporcionar as provas que Neco necessitava, e Luiz teria amealhado em seu coração os tesouros da consciência tranquila e da vivência plena da afeição paternal.

A misericórdia divina ou "A porta estreita"

Em 1577, na Espanha, o frade carmelita Juan de la Cruz foi sequestrado por religiosos que estavam no poder, temerosos que seus ideais de reforma moral e vivência, de fato, dos ensinos evangélicos, viessem a perturbar seus planos sinistros.

Lançado numa apertada pocilga[13], o carcereiro foi instruído a jogar sua comida no chão e não permitir que os seus excrementos fossem retirados; ali naquele lugar infecto, nos longos meses que passou encarcerado, martirizado por vômitos constantes e tendo o corpo coberto por vermes, frei Juan de La Cruz concebeu poemas de elevado teor espiritual.

Um poema seu:

Para vir a gostar de tudo,
Não queiras ter gosto em nada.
Para vir a saber tudo,
Não queiras saber algo em nada.
Para vir a possuir tudo,
Não queiras possuir algo em nada.

Para vir ao que não gostas,
Hás de ir por onde não gostas.
Para vir ao que não sabes,
Hás de ir por onde não sabes.
Para vir a possuir o que não possuis,
Hás de ir por onde não possuis.
Para vir ao que não és,
Hás de ir por onde não és.

---

[13] Lugar onde se confinam porcos.

Quando reparas em algo,
Deixas de arrojar-te ao todo.
Para vir de tudo ao todo,
Hás de deixar-te de todo em tudo.
E quando o venhas de todo a ter,
Hás de tê-lo sem nada querer.

Nesta desnudez acha o espírito seu descanso
porque não cobiçando nada,
Nada o afadiga para cima e nada o oprime para baixo
porque está no centro da sua humildade.

— • —

O menino de hoje fora em vidas passadas rico comerciante português em Belém do Pará, sacerdote destacado no Rio de Janeiro, porém sem avançar espiritualmente, escorregando e caindo, não conseguindo elevar-se às concepções mais altas da vida, preconizadas por Jesus.

Acreditava moderadamente, procurava o caminho de Jesus, com boa vontade, mas sem determinação nem capacidade de renúncia.

Amava a Deus, porém fraquejava e agia de forma incoerente quando defrontava obstáculos.

Amava o próximo, porém pensando principalmente em si mesmo.

Encarnava-se, passava por alguns sofrimentos e prazeres, acumulava poucos conhecimentos; despertava, após a morte, invariavelmente, nas zonas inferiores do mundo espiritual; restabelecia-se, planejava nova encarnação; e tudo se repetia com avanços minúsculos.

Cansado de permanecer quase estacionado espiritualmente decidira, junto com seus companheiros, tentar uma experiência radical numa nova vida na qual pudesse de vez romper seus laços com as inferioridades que o amarravam aos aspectos grosseiros da vida.

À semelhança de frei Juan de la Cruz decidiu: "não ter gosto em nada", "não possuir nada", "deixar-se de todo em tudo", "nada querer".

E vivendo esta "desnudez", "não cobiçando nada", pudesse finalmente: "vir a gostar de tudo", "saber tudo", "possuir tudo", "nada o fadigando", "nada o oprimindo", porque "estaria no centro de sua humildade".

Assim sendo pediu antes de nascer, e obteve, um grande despojamento nos albores da razão, aos 8 anos, quando a sua consciência do mundo desabrochava.

Era um caminho espiritual de grande risco, pois se a humildade, a prece, o amor a Deus e a Jesus poderiam elevá-lo bem alto, a revolta, o desespero, os desejos reprimidos poderiam precipitá-lo em décadas, talvez séculos de sofrimento.

Aquele menino bonito, saudável, inteligente, sensível, atravessara a porta estreita, conduzido por um médico duro, um pai alienado, uma mãe amorosa e um enfermeiro gentil.

Conseguiria marchar pela longa estrada estreita e pedregosa que se estendia a sua frente, mas que levava aos planos mais altos da evolução?

Sairia da pocilga como frei Juan de la Cruz, como um santo, no esplendor de suas luzes, ou como um dementado, gritando blasfêmias e palavras desconexas?

As crianças choram à noite

Os pais foram-se; Neco e Zeca separaram-se; cada um ficaria num edifício.

Neco ficou num pavilhão com outras crianças, algumas menores que ele; todos meninos.

Às 17 horas foi servido o jantar, depois as freiras encaminharam as crianças para o dormitório e fizeram com que orassem uma ave-maria em voz alta.

Enérgicas, impuseram o necessário silêncio. Apagaram-se as luzes.

Um som comovedor

Repentinamente um menino de 8 anos começou a choramingar:

— Eu quero a minha mãe...

Neco lembrou-se da sua mãe; primeiro veio uma saudade enorme do seu colo terno e macio, do seu cheiro gostoso de alimentos e quitutes.

Depois a saudade foi se transformando numa fome de afeto tão grande, que a fome passou a doer, mais e mais, até que ele também começou a choramingar:

— Eu quero a mamãe...

O choro foi se alastrando por todo o dormitório, num barulho cada vez maior.

Aquele som, das crianças chorando, carregava uma dor contagiosa, uma amargura que se assemelhava a um punhal revirando no peito de cada um, despertando as carências afetivas de todos, transformando-se numa onda insuportável.

Internos, freiras, auxiliares de enfermagem, todos sentiam aquela angústia.

Alguns respondiam, fechando-se, tentando encerrar os próprios sentimentos numa couraça de chumbo, vestindo uma expressão de dureza e indiferença.

Outros irritavam-se, sem conseguir atinar com a razão profunda de tudo aquilo.

E haviam aqueles que voltavam a um estado infantil, lembrando-se das cenas da infância, e choravam também.

Alguns poucos oravam e sentiam algum conforto.

As freiras ralhavam com algumas crianças, tentavam embalar outras; Felizmente a maioria dava vazão aos seus sentimentos maternais, reprimidos em virtude dos votos religiosos, afagando as crianças às vezes com doçura, às vezes com energia e, depois de algum tempo, cansadas, as crianças dormiam, algumas entre soluços. E muitas daquelas mulheres de hábitos longos e brancos, trazendo dentro de si profundos e desencontrados conflitos sentimentais, sentiam um doce alívio depois daqueles momentos tensos em que foram mães.

Depois da descarga emocional disparada pelas crianças o silêncio a todos acalmava.

— • —

Que o pranto das grandes mágoas
Não te faça esmorecer,
Olhos que nunca choraram
Raramente sabem ver.[14]

O AMOR DAS MÃES VENCE DISTÂNCIAS E CERCAS

Maria, mãe de Alberto, Zeca e Neco, sentia uma saudade enorme dos filhos. Foi se consolar pegando ao colo a pequena Alda, abraçando-

---

[14] Casimiro Cunha – *Gotas de Luz* – Chico Xavier – FEB.

se a ela; instintivamente lembrou-se de Maria, mãe de Jesus, e pôs-se a orar seguidas ave-marias, bem baixinho, enquanto Alda, nos seus 6 anos, desfrutava do calor físico e terno do colo da mãe. As lágrimas corriam abundantes pelo seu rosto.

Aproximando-se a meia-noite, depôs o seu tesouro em forma de menina na caminha e foi deitar; logo depois de adormecida, via-se o seu corpo espiritual desprender-se do corpo físico, e como que cedendo a uma poderosa atração, em poucos segundos, tornava-se visível ao lado da cama de Neco, debruçando-se sobre ele e enlaçando o filhinho, que também, ao sentir sua presença, inconscientemente afastou-se do corpo físico.

Assim ficaram os dois, permutando as energias do amor puro; depois, auxiliada por benfeitores, foi em busca do Zeca e, finalmente, do Alberto.

Se não podia alimentá-los com a sua presença física e com os alimentos materiais que sempre preparava com tanto carinho; alimentava-os espiritualmente com seu amor.

Olhando com os olhos do espírito, viam-se muitas mães desdobradas ao lado do leito de seus filhos, a exemplo de Maria Custódio; algumas mais lúcidas, outras não compreendendo com clareza o que se passava, acariciando as crianças.

Aquele sincero pedido, "quero a mamãe", lançado pelas bocas infantis encontrava eco nas forças maiores do universo, e Deus respondia às preces infantis, atraindo as mães para as camas onde estavam seus filhos. E o milagre do amor patenteava-se aos nossos olhos.

Vendo aquela cena eu me lembrava das senzalas do Brasil, onde fenômeno semelhante acontecia quando crianças eram vendidas e compradas, separando-se das mães.

Lembro-me inclusive de algumas que venciam as barreiras do Atlântico e vinham da África ficar ao lado dos filhos; e outras, menos numerosas, deslocando-se do Brasil indo até a África, para acariciar seus rebentos.

A PRECE DAS CRIANÇAS

A prece das crianças, mesmo das menores, por meio dos seus balbucios elevava-se ao plano espiritual. Já no antigo testamento é exposta a história de Agar.

Agar foi expulsa do acampamento de Abraão, levando apenas um odre de água e seu filho recém-nascido.

A água acabou; Agar depositou o bebê sob uma árvore para não vê-lo morrer, o bebê ficou chorando.

Felizmente apareceu um anjo e os salvou, conduzindo até eles uma cabra em lactação que forneceu leite para a mãe e para a criança.

A seguir o anjo esclareceu a mãe:

— Chamarás ao menino Ismael, que significa "Deus está ouvindo", pois Deus ouviu o chorinho do seu bebê.

— • —

Lembremo-nos sempre da onipresença do Deus Bom, que a ninguém deixa no desamparo, e agradeçamos sempre ao Bom Deus por permitir que corações maternos medrassem nessa terra de provas e expiações, suavizando nossas dores e oferecendo por meio de seu exemplo o amor a todos, consolando e vivificando.

Benditos sejamos todos, pois todos temos, deste ou do outro da vida, um coração materno que pulsa por nós.

— • —

O jejum afetivo de Neco entre os encarnados teria uma consequência importante: seu coração se projetaria para mais alto, criando vínculos afetivos com o Plano Maior especialmente com Jesus, desabrochando finalmente um verdadeiro sentimento de religiosidade.

— • —

Maternidade – veleiro
De júbilos a contento,
Navegando o dia inteiro
Nos rios do sofrimento.[15]

[15] Ulisses Bezerra – *Sinais de Rumo* – Chico Xavier – GEEM.

Inicialmente a internação foi para o menino como um trem que passasse em cima dele e o fizesse em pedaços.

Seus pensamentos e emoções pareciam um bando de pássaros, que assolados por um predador seguissem cada um numa direção.

O menino, interiormente, corria desarvorado, buscando em todas as direções o aconchego do lar, a ternura da família, a afeição, a proteção, mas nada encontrava; ao vivenciar os enfermeiros, os professores, os médicos, os companheiros de internação julgando-os como os familiares distantes, descobria na convivência que eram apenas moradores do mesmo local, mas não tinham o clima de intimidade, de confiança, de aconchego dos familiares.

Com o tempo, entretanto, vivendo o estudo e o lazer, foi-se serenando e se adaptando.

AS ATIVIDADES

A disciplina do leprosário se impunha ao menino Neco, permitindo que ele crescesse com boa noção de limites:

Crianças recebendo roupa e material escolar

As crianças acordavam às seis horas, arrumavam suas camas, faziam sua higiene matinal, oravam, tomavam café, faziam "ginástica" e dirigiam-se à escola.

Voltavam para o almoço e as tardes eram livres.

O jantar era servido às 17 horas e depois das 21 o silêncio deveria ser absoluto.

Da ternura doce e branda,
Sê devoto, não escravo...
Eu bonzinho, tu bonzinho,
Quem educa o burro bravo?[16]

Os brinquedos

Neco brincava e jogava, dando preferência aos jogos de futebol, embora em Santo Ângelo estivessem disponíveis o basquete, o tênis, o ciclismo e outros.

Uma coisa que enlouquecia Neco eram os balões; enormes, coloridos, subindo nos céus frios de maio, junho e julho.

Tão divertida quanto a subida era a descida, correndo, pulando cercas, disputando com outras crianças, até finalmente alcançar o balão ou o que sobrou dele.

Aos domingos a grande atividade eram os jogos de futebol, com campeonatos entre os vários Leprosários do estado, quando os internos de outros asilos eram trazidos para as disputas.

A fazenda

Conquanto o trauma da separação da família e as rígidas disciplinas, Santo Ângelo era extenso; havia pomares onde se podiam roubar frutas; dupla emoção: o prazer do sabor da fruta e jogo de esperteza com o dono do pomar.

---

[16] Casimiro Cunha – *Gotas de Luz* – Chico Xavier – FEB.

Eram abundantes passarinhos que poderiam ser caçados, e Neco os perseguia com seu estilingue letal, e fazia toda sorte de estrepolias naturais de uma criança criada relativamente solta.

Santo Ângelo
Estábulos e vacas leiteiras – década de 1930.

Havia também nas granjas a criação de diversos animais: bois, cavalos, cabras, galinhas; com seus trabalhos, como a ordenha, a doma, a marcação e outras atividades de manejo. Cada uma dessas atividades virava um espetáculo interessante para o menino de 9 anos.

A ESCOLA

A escola não era um sacrifício, pois Neco gostava de estudar, de aprender.

Santo Ângelo
Sala de aula – década de 1930.

A escola, duas salas, um professor para os meninos e uma professora para as meninas, ambos internos. Em cada sala reuniam-se as crianças das quatro séries do curso primário.

O professor dedicava-se fazendo o melhor que podia. Neco foi avançando, aplicado, pelos vários anos do curso primário.

A escola mantinha diversas comemorações: cívicas, 13 de maio, 7 de setembro, dia das mães, dia do trabalho; tudo isso sem o brilho do Grupo Escolar de Santos, mas com o esforço sincero dos professores.

— • —

Em comparação com o Grupo Escolar de Santos, a escola de Santo Ângelo era minúscula, o menino sentia-se apertado dentro dela; ela fixava a sensação de confinamento, de restrição. Setenta e tantos anos depois Neco usaria com frequência o adjetivo "apertadinha", quando se reportava à escola de Santo Ângelo.

— • —

Em fins de 1937, o menino tirou o diploma do curso primário; esse diploma seria o único em sua encarnação, porém teve para ele grande valor, tanto é que por muitos anos guardaria aquele "canudo de papel" com grande ternura e gratidão.

— • —

Não abandones teus livros
Não te canses de estudar
A educação é tesouro
Que ninguém pode roubar.[17]

Betcher

Segunda-feira, 2 de agosto de 1937

Após as férias de julho, no primeiro dia de aula do segundo semestre, havia um aluno novo na sala de aula; um menino de 10 anos, saudável, cabelos castanhos fartos, meio gordinho.

Havia sido internado na quinta-feira anterior.

Neco havia completado 11 anos, e o menino faria 11 naquele mês.

O menino chamava-se Luiz Betcher, era de Amparo, seus pais eram imigrantes, mãe italiana e pai alemão; o pai dedicava-se a pintura de paredes, ofício que alguns filhos, da família numerosa, seguiriam.

[17] Gotas de Luz – *Casimiro Cunho* – Chico Xavier – FEB.

Em poucos dias uma forte amizade surgiria entre as duas crianças, e se projetaria por toda a sua vida.

Neco e Betcher seriam colegas na escola, companheiros de travessuras e brinquedos, verdadeiramente irmãos.

Esses laços se reatavam com facilidade, pois vinham de muitos séculos, na encarnação que teve em Belém e depois durante largo período no século 19 no plano espiritual Neco e Betcher conviveram intimamente.

A providência divina dava a Neco um irmão espiritual, amigo e leal, que deveria acompanhá-lo, por quase setenta anos na carne.

Duas almas quando unidas,
Nada precisam falar,
Elas trazem muitas vidas
Na luz de um simples olhar.[18]

NÃO HÁ PORTA DE SAÍDA

Posto que não havia cura, a internação funcionava como uma prisão perpétua.

Havia raras altas médicas, coisa de menos de 10 por ano, num total de 1.400 internados. Na verdade essas altas não eram de cura, mas de internações equivocadas. A pessoa havia sido internada sã; descoberto o engano, era admitida a cura, valorizando a instituição, enquanto assumir o erro na internação seria muito desgastante.

Para a alta, eram necessários 12 exames mensais, negativos e consecutivos.

Neco foi apresentado para alta algumas vezes, mas chegava na hora e diziam:

---

[18] Lívio Barreto – *Sorrir e Pensar* – Chico Xavier – IDE.

— É melhor ficar mais uns seis meses em observação, e o tempo ia passando, 1, 2, 3, 4, 5 anos...

Por uma ou duas vezes conseguiu sair de licença, coisa rara, pois não davam licença para ninguém; nessas ocasiões os pais vinham buscá-lo e Neco ficava ausente de Santo Ângelo por uma ou duas semanas.

A "LAGOA HUMANA"

Não se podia falar em "mar humano", naquela comunidade que beirava as 1.500 pessoas; mas a "lagoa humana" de Santo Ângelo era muito rica em sua diversidade: desde caipiras do vale do Paraíba, parecendo saídos de um livro de Monteiro Lobato, até italianos extrovertidos; de pedreiros simplórios a médicos e advogados ilustres; de mulheres paupérrimas até ricos comerciantes.

A comunidade de Santo Ângelo era, na verdade, um reflexo da sociedade paulista da época, em que os estrangeiros constituíam cerca de metade da população.

E toda essa massa humana era constantemente percorrida por Neco, observando e se relacionando com as mais diversas pessoas, formando sua visão de mundo no convívio com essa enorme e variada família, pois o contato com seus pais era mínimo.

Em Santo Ângelo autorizava-se apenas uma visita por mês, num domingo determinado; no caso de Neco e seus irmãos, era o terceiro domingo do mês; se por algum motivo de força maior os pais faltassem no dia designado, somente poderiam vir no próximo mês; nesse caso, o menino ficava 60 dias sem ver os pais.

Nessa sociedade havia os mais diversos eventos:

• católicos, religião da esmagadora maioria dos que viviam no Brasil: Semana Santa, São João, Natal...

• cívicos: Treze de Maio, Dia da Independência, Proclamação da República;

• do próprio hospital, como a comemoração do seu aniversário;

• simplesmente sociais: bailes que aconteciam aos sábados, cinema que funcionava três vezes por semana...

• esportivos: campeonato interno de futebol com duas divisões; campeonato entre os times dos diversos leprosários, outras modalidades esportivas.

— • —

Quem luta e confraterniza,
Entrega-se, com fervor,
Cada dia, cada hora,
À sementeira do amor.[19]

[19] Casimiro Cunha – *Gotas de Luz* – Chico Xavier – FEB.

Brincar e Chorar

As nuvens são móveis e mutáveis,
O vento as tange e acaricia
Apoiadas de cabeça para baixo
Flutuam na bacia do céu azul…
São barcos, bichos, gente,
E também coisa que ninguém decifra…

Os olhos de Neco são castanhos,
A terra dos seus olhos
pega a imagem da bacia do céu,
O menino brinca de olhar,
De descobrir o que as nuvens
Do céu de abril
Querem significar…

De repente uma pedra
Em forma de pergunta
Sobe e cai na bacia do céu
E tudo embaça:
— Onde está a mamãe?

Nada mais é nítido…
Nada tem significado…
A lágrima oscila nos
Olhos castanhos
Do menino Neco
E desce pela sua face…

Mas há muitos brinquedos
Na fazenda imensa:

Brincar de ver a vaca
Com seu bezerrinho.
Brincar de ver a galinha
E seus pintinhos.

Ai que vontade de correr
E pular no colo da mamãe...

Porém não há colo,
Não há mamãe,
Os rostos são frios,
Amargurados, duros...
Alguns, inclusive, disformes.

Talvez se brincar
De fazer careta,
Uma careta dura e fria
Como uma tampa de panela,
Não sinta mais falta dela...

Na árvore há um ninho
O filhote bonito e feliz
Levanta a cabecinha,
Oferece o biquinho;
Mamãe sabiá,
Regurgita um bichinho...

Que dor, que dor...
Que raiva surda...
O estilingue, a pedra, a pontaria
O ninho no chão...

Tudo se emaranha:
A dor da sabiá,
A dor da maldade,
A dor da saudade.

O menino corre, corre...
Neco não tem rumo,
Neco não tem para onde,
Neco não tem por quê...

Neco tem lágrimas,
Neco tem um enorme desejo:
Segurar na mão da mamãe
E ser levado para casa...

O rei

Na mente do menino havia um reino de doentes constituído de cinco cidades: Santo Ângelo em Mogi das Cruzes, "Sanatório Padre Bento" em Guarulhos, "Asylo Colônia Cocais" em Casa Branca, "Asylo Colônia Aimorés" em Bauru e "Asylo Colônia Pirapitinguí" em Itu.[20]

Ele morava em Santo Ângelo, mas sabia das outras cidades-hospital, pois eram comuns as transferências dos doentes entre os vários hospitais e ele ouvia sobre elas.

E havia um homem que governava todas elas, todo o Reino dos Hansenianos, esse rei era um médico, como não poderia deixar de ser, e seu nome era Dr. Sales Gomes Junior, diretor do DPL, Departamento de Profilaxia da Lepra.

Muitos doentes chegavam a Santo Ângelo, depois de capturados pelo DPL, e falavam com horror sobre as ambulâncias negras do temido DPL.

Nas solenidades, como na comemoração do aniversário de Santo Ângelo, o Dr. Sales Gomes comparecia, e era tratado com grande deferência por todos, pois uma palavra sua poderia significar demissão e privação.

Dr. Sales Gomes Junior
Diretor do DPL – Departamento de Profilaxia da Lepra.

Seu semblante era duro, distante, superior.

O Rei do Mundo dos Doentes aos olhos do menino era um homem mau.

---

[20] Todas as cidades no Estado de São Paulo.

O GOVERNADOR DO PEQUENO MUNDO

A cidade dos doentes tinha um governador aos olhos do menino.

E o menino via o governador com bons olhos, tinha dentro de si que sempre poderia apelar para o governador.

O governador era o Dr. Abreu, diretor de Santo Ângelo.

O Dr. Abreu procurava dar aos doentes tratamento e abrigo.

Como era desconhecida a cura, valia-se do apoio ao sistema imunológico, baseando-se num tripé:

- Alimentação
- Higiene
- Atividade física

Com relação ao abrigo, procurava oferecer instalações simples, mas confortáveis, trabalho e lazer.

Tinha que lidar com o fator detenção: guardas armados, penas de prisão, cercas de arame farpado; porém procurava atenuar esse lado agindo com moderação.

Um acontecimento ficou gravado na memória do menino Neco, acentuado pelos comentários e anedotas que o envolveram durante algumas semanas:

Certa feita um interno, Salvador, chegou para o Dr. Abreu, diretor do Hospital e disse:

— O senhor não poderia me dar uma licença, e deu uma desculpa qualquer.

O Dr. Abreu, um homem bom, mas inteligente, sem papas na língua, respondeu:

—Você é um cara de pau, Salvador, ontem eu vi você lá na praça do correio em São Paulo, passeando...

— Mas não era eu, doutor...

— *Como não era você, pensa que eu não conheço os meus doentes? Como você saiu e voltou e ninguém percebeu, vou deixar como está, mas se você continuar insistindo, eu mando prender você.*

E o Salvador saiu "de fininho".

E a justificativa para a detenção ficou gravada na memória do menino:

Seria uma irresponsabilidade deixar um interno, num estágio avançado, ir visitar a família; chegar lá, assustar os vizinhos, e trazer problemas para a família, pois a lepra era uma doença infectocontagiosa.

Também chegava aos ouvidos do menino que o Dr. Abreu enfrentava disputas com o Dr. Sales Gomes, a quem estava subordinado.

Essas discussões geravam em torno das verbas, Sales Gomes vinha com a argumentação clássica:

— Não há verba consignada em orçamento, corte despesas.

Ao que Dr. Abreu redarguia, lembrando Emílio Ribas:

— O direito de isolar os doentes obriga o dever de tratá-los bem, tratá-los com humanidade.

E o Dr. Abreu acabava por ganhar a discussão e, pressionando daqui e de lá, mantinha algum conforto para os doentes.

Uma das coisas de que o menino mais gostava era a distribuição dos uniformes azuis e brancos para a prática da ginástica pela manhã.

Todos vestiam o uniforme azul e branco, e eram formados pelotões de acordo com a capacidade física de cada um: aqueles que, por exemplo, não pudessem correr, caminhavam. No verão, em virtude do calor, a ginástica era feita pela manhã; no inverno, a tarde.

Era um espetáculo bonito, assistir aos internos uniformizados praticando atividades físicas, melhorando sua condição física e psicológica.

E tudo aquilo, para o menino, provinha do Dr. Abreu, que obrigava todos terem um uniforme azul e branco, praticarem ginástica, alimentarem-se bem, dormirem na hora certa...

O HOMEM SORRIDENTE

Em Santo Ângelo havia outra fonte de poder, a Caixa Beneficente, instituição encarregada de levantar donativos na sociedade e empregar os recursos auferidos no conforto, instrução e diversão dos internados.

A Caixa Beneficente era forte, suas campanhas angariavam milhares de contos de réis, tinha recursos para construir edifícios e comprar fazendas; senhoras ricas, por vezes, deixavam polpudas legações testamentárias em prol da Caixa com a finalidade de garantir seu lugar no céu.

E à frente da Caixa, como seu presidente, estava um interno "O Professor", "o homem sorridente".

"O Professor" era visto nas solenidades e também andando pelo leprosário; sempre muito bem vestido, com ternos de casimira inglesa no inverno e de linho no verão, trazendo na lapela, com frequência, um cravo vermelho; expressão quase sempre risonha e amável, de trato ameno.

Virgílio Quáglio
Diretor da Caixa Beneficente de Santo Ângelo.

O "Professor" nunca deu aulas na escola de Santo Ângelo", mas foi ele quem providenciou a sua construção.

E o "Professor" também adotava atitudes engraçadas, como pular carnaval, fantasiando-se de morte, usando como máscara uma caveira, como roupa um camisolão, e tendo nas mãos a terrível foice.

E as festas que surgiam, as competições esportivas, os filmes no cineteatro, o edifício da escola, tudo isso tinha origem no "Professor".

Na mente do menino, o "Professor" deveria ter sido lá fora um professor importante, talvez de uma grande universidade, e saber muitas coisas, de matérias que o comum das pessoas ignoravam.

O nome do "Professor" sorridente era Virgílio Quáglio.

Coisas que o menino Neco não sabia:

Virgílio Quáglio chegara a Diretor da Escola Modelo Prudente de Morais, situada na Av. Tiradentes em São Paulo. A hanseníase manifestou-se no começo dos anos 1930; ele mesmo se apresentou e foi internado em Santo Ângelo por volta de 1933/34; aliás, como estava previsto no seu plano encarnatório.

Curioso notar como os hábitos passam de vida em vida, o mesmo gosto por roupas de qualidade do antigo Capitão Geral Francisco Xavier de Mendonça Furtado, governador do Grão-Pará, continuava presente na sua encarnação como Virgílio Quáglio.

Outro fato digno de nota, e que deve ter sido intrigante na época, era a habilidade administrativa, política e de liderança daquele que na vida civil havia sido um simples diretor de escola; à frente da Caixa Beneficente Virgílio procedeu a extensas campanhas de arrecadação de fundos e construiu vários edifícios para melhoria da vida dos internos, realizou investimentos lucrativos para reforçar o caixa da instituição, revelando invulgar habilidade política e administrativa, inexplicáveis num simples diretor de escola mas facilmente compreensíveis se considerarmos a experiência adquirida nos altos cargos que desempenhou no governo português do século 18.

A admiração e simpatia que o menino Neco sentia pelo "Professor" vinha de outras vidas; no século 18 esse mesmo espírito o levara para o Brasil, como a muitos outros portugueses, e dessa feita ele novamente exerceria uma enorme influência na sua vida, contribuindo para sua ascensão a planos mais altos da espiritualidade, fazendo romper laços milenares que o prendiam à ambição e aos apetites materiais.

Sorria para a vida

Coisa que o menino Neco também não sabia: o "Professor" sorridente, Virgílio Quáglio, fazia poemas como este:

Sorria para a vida

Manhã de sol, de luz e de calor;
Por toda a parte a vida estua com ardor;
Nas florestas e no ar,
Nos campos e no mar,
A alegria se espalha em profusão
Pela natureza e pelo coração.
Soa uma voz que vem do além do que se vê:
"Sorria para a vida,
E a vida sorrirá para você".

Doze horas. Densas nuvens encobrem o céu,
Relâmpagos, sem norte, rasgam o ar, ao léu,
Com fragor o trovão ribomba
E a chuva sobre a terra tomba.
É o quadro da dor e da desolação,
que invade a natureza e fere o coração.
Mas diz a voz que vem do além do que se vê:
"Sorria para a vida,
E a vida sorrirá para você".

Tarde. Angústia do dia e da razão.
Dúvida... Reflexão... Fé... Oração...
é a alma que quer uma aliança,
Com a Paz e com a Esperança
E esses dotes divinos há em profusão,
Em toda a natureza e em todo coração
Só se ouve a voz que vem do além do que se vê:
"Sorria para a vida,
E a vida sorrirá para você".

Noite. Imagem do luto e da separação.
Símbolo de ignorância da alma em aflição
Que numa contida ansiedade,
Espalha a dor e a saudade.
Mas ainda uma vez a dor e sua corte
Terão que se render ao espírito forte
Se ouvir a voz que vem do além do que se vê
"Sorria para a vida,
E a vida sorrirá para você".

O Cavaleiro do Bem, segundo um menino

Uma figura que também impressionou o menino foi o Dr. Lauro Souza Lima, diretor do Sanatório Padre Bento.

O Dr. Souza Lima era diferente: muitos médicos evidenciavam o medo do contágio, cobrindo-se da cabeça aos pés, com gorros, aventais, luvas, máscaras, etc. Souza Lima convivia com os internos livremente, sem proteção alguma.[21]

Anualmente havia o campeonato de futebol entre os internados dos vários leprosários. Os ônibus dos leprosários levavam os times de um para outro leprosário para as partidas.

O Dr. Souza Lima fazia parte do time de futebol de "Padre Bento" e, no campo, comportava-se como um interno qualquer, encarando "divididas", levando e fazendo faltas.

Uma cena que ficou na memória do menino:

Tarde de sábado. O Dr. Souza Lima não está em campo jogando, está sentado ao lado do Dr. Abreu na arquibancada, assistindo ao jogo.

---

[21] A Dra. Leontina Margarido, que conviveu com Lauro Souza Lima, deu a seguinte explicação para esse fato: *"Ele precocemente compreendeu que os estudos de imunologia da época, mesmo rudimentares, evidenciavam que a maioria das pessoas nascem com a capacidade genética de defender-se do bacilo".*

O árbitro marca um pênalti contra o time de Santo Ângelo.

Dr. Abreu:

— O juiz errou, o jogador tropeçou nas próprias pernas e está simulando...

Souza Lima:

— O árbitro está certo. Foi pênalti, devia inclusive dar cartão vermelho... Você não viu e está imaginando...

Dr. Abreu:

— Você é que não sabe o que está falando...

Os ânimos esquentaram e os dois ficaram sem se falar por algumas semanas, mas depois voltaram às boas.

Cenas semelhantes que ocorreram outras vezes, sempre motivadas pelos jogos de futebol, pareciam muito bizarras aos olhos do menino.

— • —

O mais impressionante para o menino: em "Padre Bento" não havia cerca de arame farpado, nem prisão; isso era muito comentado em Santo Ângelo.

— O Souza Lima enfrentou o Sales Gomes e o Departamento de Profilaxia da Lepra e não permitiu que o "Padre Bento" parecesse uma prisão.

Dr. Lauro Souza Lima, médico e cientista
Espírito de grande evolução moral e intelectual.
Na foto, Dr. Lauro cavalgando em hora de lazer.
Cultivava os esportes box e futebol.

E aquele homem, de porte atlético, ficou gravado na mente do menino como um dos seus heróis, um cavaleiro destemido lutando pelo bem, amigo dos pobres e desprezados, enfrentando os poderosos.

O Cavaleiro do Bem, segundo outros

Além de Neco, Lauro Souza Lima projetou sua imagem em muitos outros corações.

Carlos Lacaz, médico de destaque, professor da USP, criador e diretor do Instituto de Medicina Tropical de São Paulo, autor de inúmeros livros, presidente da Sociedade Brasileira da História da Medicina, cientista de renome, mais de quinhentos trabalhos científicos publicados, redigiu um texto emocionado, onde seu coração pintou em palavras um retrato de Lauro Souza Lima:

Visitando o antigo Sanatório Padre Bento, hoje transformado em Unidade hospitalar subordinada à Secretaria da Saúde do Estado de São Paulo, tomei conhecimento da vida fabulosa de um médico apóstolo, paradigma de uma classe e que lá viveu, dando assistência médica e humanitária a uma população de doentes que necessitavam de sua ajuda, como se fosse o verdadeiro Cristo curando os hansenianos no Vale do Kidron.

Que admirável figura humana! Em linguagem espírita esse benemérito do bem – Lauro de Souza Lima – reencarnou na cidade de Campinas, em 6 de janeiro de 1903, tendo uma infância feliz.

Em 1928, diplomava-se pela Faculdade Nacional de Medicina, a famosa Escola da Praia Vermelha. Trabalhou com o saudoso Prof. Francisco Eduardo Rabelo (1905-1989), apaixonando-se pela Hansenologia, juntamente com seu irmão Moacyr. Defendeu sua tese de doutoramento em 1928, com o título: "o desvio do complemento com o streptothrix de Deycke leproide desengordurado, na lepra".

Vindo para São Paulo, dedicou-se integralmente ao estudo da hanseníase.

— • —

Morou no Sanatório, de onde raramente saía para assistir aos jogos do Corinthians.

Publicou centenas de trabalhos sobre a especialidade da qual foi cultor apaixonado.

Jogava tênis. Gostava de luta de boxe. Belo no físico, era homem de alma pura.

O Sanatório Padre Bento ele assumiu sua direção em 7 de julho de 1931, fazendo dele seu verdadeiro lar, a morada da filantropia.

O Padre Bento tornou-se centro de referência em matéria de hanseníase. Médicos brasileiros e estrangeiros vinham aprender a especialidade com um médico verdadeiro que sabia aliar a ciência às aflições humanas.

Tratava os doentes, principalmente as crianças, com muito carinho.

Participou de Congressos da especialidade, no Brasil e no exterior.

Deixou de casar-se[22]*, por duas vezes, para dedicar-se de corpo e alma àqueles que necessitavam de sua ajuda.*

...

— • —

A conceituada médica Leontina Margarido, ex-diretora do Sanatório Padre Bento, trouxe as seguintes informações sobre Lauro Sousa Lima:

O Lauro morava dentro do leprosário numa casinha no fundo do Padre Bento, o que fazia com que ele se dedicasse 24h por dia, 7 dias por semana, aos doentes.

As crianças enfermas eram a "menina dos seus olhos". Procurava proporcionar-lhes educação esmerada, aprendiam além das matérias constantes do ensino regulamentar, balé e línguas, praticavam os mais variados esportes.

O Dr. Lauro não apenas proporcionava os recursos, mas vibrava com cada sucesso que elas conseguiam, assistindo às competições esportivas e

[22] "Deixou o casamento", no texto original, dá a ideia equivocada de que ele se separou de suas esposas.

aplaudindo as apresentações artísticas, ocupando verdadeiramente a posição de pai de seus internos.

O estudo que ele fazia dos doentes era acurado, brilhante, respaldado pela histopatologia e pelo grupo de médicos que existia no Padre Bento.

— • —

Maria Helena, médium, registrou pela intuição o seguinte retrato de Lauro:

Uma mente científica extremamente desenvolvida aliada a um coração de ouro, plenamente consciente de que o objetivo de sua vida era vencer a lepra, e que essa luta compensava todos os sacrifícios pessoais e todas as renúncias.

Homem grande, bonito, másculo, encantava as pessoas, principalmente as mulheres. Apaixonou-se algumas vezes, mas sua mente científica e seu amor aos doentes colocava a sua vida amorosa em segundo plano.

Perspicaz; ao olhar uma pessoa, registrava além do aspecto físico, a estrutura psicológica, o caráter, os sofrimentos que a doença causava.

Porém não era uma análise fria, como quem olha um objeto, na sua análise valorizava sempre o ser humano.

Onde se encontrasse, as crianças se alegravam com sua presença, as pessoas queriam conversar com ele, todos se aproximavam e ele exercia um poder de envolvimento magnético que fazia com que as pessoas se sentissem bem na sua presença.

— • —

Alma grande é sempre aquela
Que fita a luz na amplidão,
Sabendo o valor da vela
Na hora da escuridão.[23]

---

[23] Mario de Azevedo – *Portal da Alegria* – Chico Xavier – GEEM.

A MISERICÓRDIA DIVINA ENVIOU UM MOÇO

Santos era uma cidade de bastante progresso graças ao seu porto; quase metade do produto bruto do país advinha do café; e a maioria do café se escoava através do porto de Santos.

Embora situada abaixo do equador, a terra natal dos Andradas[24] era, pela sua prosperidade, uma cidade do primeiro mundo.

As empresas denominadas "casas comissárias" efetuavam a exportação do café, tanto no seu aspecto documental quanto comercial.

Numa rua que abrigava a sede de várias "casas comissárias" havia uma gráfica grande tendo-as por clientes; nessa gráfica João, o irmão mais velho de Neco, empregou-se aos 14 anos.

A gráfica, além de produzir impressos (o processo de exportação envolvia uma multidão de formulários), também comercializava móveis e equipamentos de escritório.

João, conquanto filho de um modesto sapateiro, revelou desde cedo aguda inteligência e se impunha pela elevação moral; em consequência, subiu rapidamente na escala profissional.

Aos 20 de idade, um ano após a internação de Neco e Zeca, João, contornando os problemas do pai, trabalhando arduamente, chegou a gerente.

Para aliviar as mágoas da mãe, afastada compulsoriamente de três filhos e tendo que suportar o marido alcoólatra, alugou para ela uma bonita casa, num local bom de Santos.

---

[24] Refere-se inicialmente aos três irmãos: José Bonifácio, patriarca da independência; Martim Francisco, deputado e ministro da fazenda; Antônio Carlos, autor da primeira constituição do Brasil, do projeto da maioridade de D. Pedro II, Primeiro Ministro. Seus descendentes, também de Santos, ocuparam altos postos no período imperial.

Auxiliava também os irmãos, financiando a visita mensal dos pais e enviando-lhes dinheiro, roupas e mimos que poderiam suavizar-lhes os sofrimentos.

Assumiu o posto de chefe de casa, resolvendo os problemas da família, contornando os desequilíbrios do pai; conquanto carregado com os problemas domésticos, não afrouxou no esforço profissional e prosseguiu aprendendo e galgando os postos na gráfica.

Os benfeitores espirituais encontraram nele um ponto de apoio sólido para espalharem suas benesses e aliviar os sofrimentos da família em provação tão dura, e foram transmitindo-lhe as orientações de trabalho, estudo e correção, que ele acatou inconscientemente, mas de forma extremamente responsável, neutralizando a deserção do pai por meio do álcool.

Um personagem que seria muito importante num período da vida de Neco foi Getúlio Dornelles Vargas; importante não só para a vida de Neco, como também para milhões de brasileiros.

Sonhos

Getúlio Dornelles Vargas, no plano espiritual, possuía ideais extensos e complexos abarcando horizontes vastos. Queria ser o agente transformador de toda uma nação, influir positivamente nos destinos do Brasil, contribuindo para o progresso de milhões de espíritos encarnados no Brasil.

Implorou a oportunidade de ser o principal mandatário do Brasil e obteve essa concessão do plano maior, com o alerta, todavia, para que fosse vigilante com relação ao vício do orgulho.

Trabalhou por longos anos no mundo espiritual, montando um plano para organizar o governo e a sociedade brasileiros; inúmeros espíritos assumiram o compromisso de auxiliá-lo e segui-lo nesse plano, nas encarnações que planejavam para o século 20.

Início auspicioso

Getúlio renasceu no Rio Grande do Sul em 1882; já adulto, condições favoráveis e sua habilidade política o levaram a deputado federal, Ministro da Fazenda e, a seguir, assumiu o posto de governador do Estado do Rio Grande do Sul.

Foi bem-sucedido nas funções em que ocupou; além da habilidade, inteligência e honestidade, o forte amor a pátria conduzia os seus passos; os planos formulados no mundo espiritual estavam sendo realizados.

Em 1929, concorreu à presidência da república pela oposição; perdeu a eleição, em que o governo valeu-se de inúmeras irregularidades para derrotá-lo, pois Getúlio possuía altos índices de popularidade.

Após a eleição fraudulenta, o vice derrotado de Getúlio, João Pessoa, foi assassinado.

Os ânimos de parcela importante da sociedade se exaltaram. Nesse clima Getúlio, aliado ao exército, saiu do Rio Grande do Sul, chegou ao Rio de Janeiro e destituiu o presidente em exercício, assumindo a Presidência da República em 1930, num golpe de estado.

Descaminho

A partir dessa data Getúlio começou a afastar-se dos planos elaborados antes de nascer e que até aquela época vinha executando de forma abnegada.

Vitimado pelo orgulho, a "paixão pelo poder" passou a ter primazia em seu coração, situando o amor ao Brasil em segundo plano.

Diversos acontecimentos se sucederam, como a revolução constitucionalista de 1932, que procurou derrubá-lo do poder, e as eleições de 1934, quando foi legitimado presidente por meio de eleição indireta.

Quando o amor à Pátria preponderava surgiam os frutos benéficos da Justiça do Trabalho, da organização do país, do voto secreto e das mulheres. Quando o amor ao poder dominava seu coração nasciam a violência, a manobra, a mentira.

A "paixão pelo poder" produz um crime

Em 1937, após quase sete anos na presidência do Brasil, Getúlio não suportava afastar-se do cargo, o que aconteceria nas eleições de 1938; encenou que o país estava sob grave ameaça, "plantando" falsas notícias na imprensa, e aplicou novo golpe de estado, fechando o congresso e demitindo os governadores.

O novo regime denominado Estado Novo, em parte inspirado no nazifascismo, tornou Getúlio não somente presidente da República, mas a autoridade máxima da nação, extinguiu as eleições e o poder legislativo, transferindo para o executivo a feitura de leis; os governadores dos estados passaram a ser simples funcionários, nomeados pelo presidente.

Getúlio traíra a pátria num momento crucial, desmoralizara o ideal de democratização do país e enfraquecera gravemente suas instituições; a ânsia de mando, nascida de um orgulho desmedido, lançara um balde de lama nos planos laboriosamente traçados no plano espiritual e que eram a principal razão de ter nascido.

Nuvens sombrias sobre Neco

Esses fatos influenciariam a vida do menino Neco em diversos pontos:

• O Dr. Sales Gomes, diretor do Departamento de Profilaxia da Lepra, ligado aos altos escalações da ditadura Vargas, teve seu poder muito aumentado.

• O cerceamento da informação e de qualquer contestação ao governo e seus funcionários calava qualquer manifestação contrária à gestão de Sales Gomes e de outros funcionários, mesmo que cometessem os maiores desatinos.

• O alinhamento do governo com o fascismo dava força àqueles que defendiam as "raças puras" e, na sua visão, doentes humildes em luta contra moléstias incuráveis, como o menino Neco, não seriam úteis à afirmação da "superioridade da raça branca brasileira".

• A Caixa Beneficente, instituição importante na melhoria da qualidade de vida dos doentes, cuja diretoria eleita pelos pacientes possuía autonomia e era muito atuante, passou a ser nomeada pelo diretor do hospital, tornando-se, na prática, simples setor do Departamento de Profilaxia da Lepra, amorfa e subserviente.[25]

— • —

Se sofres, serve e confia,
Não te queixes, nem te irrites.
Espera. A bênção de Deus
É proteção sem limites.[26]

O FRACASSADO DÁ ALGUNS FRUTOS BONS

Getúlio prezava os métodos nazistas de governo, que garantiam ao ditador poder absoluto, porém não concordava com posturas como "raça pura", "extermínio de negros e judeus", "afirmação da autoridade pela crueldade", etc. Já os altos funcionários da ditadura, frequentemente não tinham a mesma clareza, aceitando as ideias nazistas de forma indiscriminada.

Cumpre ressaltar que, por inúmeras vezes, Getúlio deu prova de seu interesse pelos enfermos em geral e pelos hansenianos em particular, visitando leprosários pessoalmente e levando palavras de alento aos doentes.

Getúlio não eliminou do seu coração o amor pela pátria, e mesmo desorientado pela "paixão pelo poder", muitas medidas de real importância foram tomadas na organização do Brasil, como por exemplo: O Código de Minas, de Águas e de Ar, a ampliação da competência do Instituto de Açúcar e de Álcool, a criação do Conselho Nacional de Águas e de Energia Elétrica, a criação da nova moeda: o cruzeiro.

---

[25] Essa arbitrariedade foi feita baseada num artigo do estatuto que permitia em casos excepcionais que o diretor do hospital prorrogasse o mandato da diretoria da caixa. Deixou-se de lado o "carácter excepcional" e passou-se a fazer isso rotineiramente por anos a fio, eliminando-se a escolha democrática e, consequentemente, calando as vozes discordantes.

[26] Meimei – *Sinais de Rumo* – Chico Xavier – GEEM.

A VISITA DO INTERVENTOR

Sábado, 23 de junho de 1938

Duas manchetes, referindo-se ao dia anterior, tomaram conta dos jornais:

A primeira trouxe uma grande tristeza ao menino; o Brasil, tendo chegado a semifinal da Copa do Mundo, que se realizava na França, foi eliminado pela Itália, pelo placar de 2 a 1.

Em Santo Ângelo havia muitos italianos; eles prudentemente se calaram ante a dor dos brasileiros, e Neco não ouviu as habituais "gozações" que acompanham a derrota nos gramados.

— • —

Não dando para compensar, mas trazendo alguma alegria ao menino, houve a espetacular vitória do lutador negro de box, o americano Joe Louis, sobre o alemão, Schelling, por nocaute, com um soco no queixo.

Quando o locutor alemão que transmitia a luta começou a noticiar a queda do campeão alemão, as autoridades alemãs tiraram a emissora do ar, impedindo o locutor de irradiar o final da luta.

O soco certeiro de Joe Louis derrubou por terra, não somente o campeão alemão, mas também a "superioridade da raça ariana".

O bairro do Harlem, em Nova York, entrou em delírio; foram necessários 3.000 policiais para restaurar a ordem pública. Em outros pontos dos Estados Unidos as comemorações também suscitaram conflitos raciais.

O box, naquela época, era um esporte bastante popular no Brasil; talvez fosse o segundo, logo após o futebol.

O menino sempre gostou de esportes; acompanhava as notícias do box; apesar de sua tez clara, seus 11 anos, já sentia uma forte aversão ao racismo, e também comemorou a vitória de Joe Louis.

— • —

Nesse dia o menino Neco, às 9 horas da manhã, teve sua atenção despertada por um forte ruído de sirenes; correu para olhar, curioso, e viu vários carros oficiais entrando em Santo Ângelo; eram automóveis de luxo, todos pretos, com as placas metálicas, escoltados por 12 motocicletas enormes, quatro à frente da comitiva e quatro atrás, duas de cada lado, com as sirenes abertas, pilotadas por soldados da "Força Pública" em uniforme de gala; o menino nunca tinha visto isso antes.

Era o interventor[27] do Estado de São Paulo, médico Adhemar de Barros, recém-nomeado por Getúlio Vargas, visitando Santo Ângelo.

O interventor estava acompanhado da esposa, Leonor Mendes de Barros, e de pequena comitiva de algumas autoridades do Estado, incluindo o Dr. Sales Gomes, diretor do Departamento de Profilaxia da Lepra.

Adhemar de Barros
Interventor nomeado por Getúlio Vargas para governar o Estado de São Paulo (1938 – 1941).

Foi recebido pelo diretor do hospital: Dr. Manoel de Abreu.

[27] Interventor era o nome dado aos governadores nomeados pelo presidente da República.

Atheneu Leonor Mendes de Barros

Em comemoração à visita do governador, foi inaugurado o novo prédio da escola construída pela Caixa Beneficente e operada por professores internos do hospital, recebendo o nome da esposa do interventor: "Atheneu Leonor Mendes de Barros", indubitavelmente uma mulher de grandes méritos no capítulo da beneficência.

As crianças ficaram contentes com a nova escola. Neco, todavia, a frequentaria apenas por seis meses.

A visita entusiasmou as crianças, pois puderam ver o interventor do Estado de São Paulo, uma celebridade que aguçava a sua curiosidade infantil, como todas as celebridades; notadamente para aquelas crianças confinadas pelo isolamento sanitário.

O discurso de Virgílio

Após a inauguração da escola, foram visitadas algumas dependências de Santo Ângelo; a seguir, reuniram-se no Cassino onde foi dada a palavra ao interno, professor Virgílio Quáglio, que falou em nome da Caixa Beneficente.

Em linhas gerais, no seu discurso, Virgílio Quáglio agradeceu a visita de Adhemar de Barros, lembrando que Santo Ângelo recebeu, na sua história, já de 10 anos, raríssimas visitas dos chefes de governo do Estado, literalmente:

— *Vossa Excelência deu uma prova de sentimento humanitário, pois no meio de seus grandes afazeres inerentes ao seu alto posto, não se esqueceu dos sofredores e aqui está a confortá-los com seus dizeres e com a sua presença...*

— *Antigamente o leproso, ao receber o "veredictum", inteiramente perdido, passava a perambular pelas cidades do interior, implorando a caridade pública e muitos ao verem-no, fugiam, negando-lhe, até mesmo, um copo com água. O leproso então como um condenado, sem nenhuma esperança a alimentá-lo, palmilhava outros recantos, não se preocupando com a assistência médica, nem com um tratamento condizente com a moléstia.*

— Hoje porém esta situação está minorada, por vários estabelecimentos especializados existentes no Estado para receber esses doentes. E entre os de melhor organização está o Asylo Colônia de Santo Ângelo, onde, mantido pela Caixa Beneficente, existe o aparelhamento indispensável ao tratamento a que tem direito os leprosos.

Virgílio encerrou a sua fala agradecendo ao Dr. Adhemar de Barros e a sua comitiva, a visita que receberam.

Era uma voz candente, humilde, porém sem subserviência, manifestava reconhecimento sem no entanto resvalar para a bajulação; ecoou fundo no coração daqueles que cultivavam a caridade cristã, especialmente na sensibilidade da esposa do interventor, Leonor Mendes de Barros.

— • —

Não tomes por humildade
A vileza fraca e nula.
A humildade serve sempre,
Mas a vileza bajula.[28]

O POLÍTICO CUIDA DA POLÍTICA

A seguir Adhemar de Barros assumiu a palavra numa rápida alocução; declarou sua preocupação com a saúde pública, divulgando seu trabalho de reforma nos órgãos do governo do estado; cumprimentou o Dr. Sales Gomes pelo "excelente" trabalho à frente do Departamento de Profilaxia da Lepra.

---

[28] Casimiro Cunha – *Gotas de Luz* – Chico Xavier – FEB.

Revelou que, como médico, trabalhara num hospital semelhante àquele; anunciou medidas que facilitariam a aposentadoria dos funcionários do estado que ali prestavam serviço; medida, aliás, de mínima consequência: eram muito poucos os funcionários, algo em torno de uma dúzia talvez, pois quase todo o trabalho era feito pelos internos.

Não fez qualquer referência às atividades desenvolvidas pela Caixa Beneficente, nem aos comentários expostos no discurso de Virgílio Quáglio; talvez a afirmação de Virgílio *"mantido pela Caixa Beneficente"* e *"a que tem direito os leprosos"* tenham irritado o interventor.

Logo após a fala de Adhemar de Barros a comitiva partiu, com seus automóveis pretos, soldados com as fardas brancas reluzentes e as sirenes abertas combinando com o esfuziante céu azul da manhã junina.

— • —

Um ano depois, Adhemar baixava o decreto 10.570, restringindo as visitas aos leprosários, consignando em lei o que já se praticava:

• As visitas só poderiam ser feitas uma vez por mês, das 9 às 11 e das 13 às 15, por parentes do enfermo, com mais de 21 anos, que tiverem feito exames;

• O DPL (Departamento de Profilaxia da Lepra) poderia suspender todas as visitas, alegando motivos disciplinares;

• As visitas aos acamados, se concedidas, não poderiam ultrapassar 15 minutos.

— • —

Para simples registro: três anos depois, Adhemar de Barros seria demitido sumariamente por Getúlio Vargas por "malversação de dinheiro público".

A festa continua

Além de todos aqueles discursos e carros oficiais, era sexta-feira, 23 de junho de 1938, véspera de São João, e o clima era de festa; bandeirinhas e mastros enfeitavam Santo Ângelo, lenha foi preparada para a fogueira, internos que tocavam sanfona, violão ou cantavam, ensaiavam as suas músicas.

Tudo isso deixou Neco muito animado.

A tarde houve a tradicional partida de futebol.

No fim da tarde, com a queda da temperatura os balões de papel de seda colorido começaram a subir, ganhando o céu.

Santo Ângelo
Festa junina – década de 1930.

De olhos arregalados o menino acompanhava o belo espetáculo; onde a mágica das cores povoava o céu, e o vento traçava as mais surpreendentes rotas para aquelas figuras de sonho.

À noite houve a festa junina, os internos dançaram, cantaram, participaram da quermesse; para o menino também foi uma noite de festa.

Mais balões subiam como estrelas mortiças, e as chamas amarelas da enorme fogueira iluminavam e aqueciam a todos, tornando agradável a noite fria.

Os olhos castanhos do menino brilhavam, vendo tudo aquilo e, apesar das dores da carência afetiva, uma doce alegria espalhava-se pela sua alma.

— • —

No ano seguinte foi construída uma piscina em frente à escola, de uns 75m^2, a criançada nadava na piscina e se divertia muito.

Um dos internos, Iolando, de origem italiana, escultor, conseguiu uma pedra nas redondezas e fez uma escultura de um nadador em cima de uma pedra atirando-se na água; a escultura ficou muito bonita e foi posta em frente da piscina para enfeitá-la.

A INFÂNCIA TERMINA

Quinze dias após a visita do governador, Neco completou 12 anos.

O professor "esticara" os quatro anos primários para mais uma série, a quinta que era para preparação para o "ginásio"; mesmo em Santo Ângelo não havendo curso "ginasial".

A formação escolar terminou para Neco em dezembro de 1938, com a quinta série.

Com o término da escola, terminava também a infância.

Devia doravante arrumar um trabalho, prover a própria subsistência, administrar a sua vida.

O CÉU PROTEGE

Do ponto dc vista material estava entregue a si mesmo, porém do ponto de vista espiritual, entidades elevadas velavam por ele, atentas aos mínimos acontecimentos.

Acima dos espíritos purificados estava Jesus, o bom pastor, que afirmara: "de todas as ovelhas que Pai me confiou nenhuma se perderá".

E, acima de Jesus, o grande Criador e Provedor dos mundos que povoam o Céu, formando os grandes sistemas estelares; o Deus Bom zelava pelas galáxias e também pelo lírio que nasce num pequeno brejo perdido nas serranias.

A MÃE DAS MÃES

Dentre as criaturas ligadas à Terra, a mais importante para cada um de nós é Jesus, governador do planeta.

Da sua mente sublime fluem as energias espirituais que permitem a nós, espíritos imperfeitos, pensarmos o bem e sentirmos o bem.

Dos sentimentos bons e das ideias boas surgem as realizações que felicitam a humanidade na vida cotidiana:

• o bom conselho que demos ao nosso filho, ou o sorriso amoroso endereçado a nossa esposa;

• no âmbito das artes, o filme que leva uma mensagem de amor e fé, o edifício funcional e de formas inspiradoras, abrigando a escola ou a fábrica;

• a descoberta científica que irá tornar mais segura ou mais enriquecedora a experiência de viver.

Abaixo de Jesus, existem outros espíritos contribuindo para o equilíbrio e a evolução espiritual do planeta.

Entre esses espíritos puros cumpre citar Maria, que foi a mãe carnal de Jesus.

Sob o amparo de Maria milhões de espíritos, comprometidos no bem, trabalham em milhares de instituições no plano espiritual, visando principalmente às atividades de compaixão aqui na Terra.

Um setor dessas instituições particularmente comovente é aquele que assiste aos suicidas, socorrendo amorosamente esses espíritos que, após o ato tresloucado, vagam nos pântanos dos umbrais, dementados, apresentando-se em farrapos.

Outra atividade a que Maria se dedica é o amparo à maternidade.

O que sustenta o tecido social é o amor, e o amor na Terra tem sua fonte principal no coração das mães.

É comum o amor conjugal desfazer-se em brigas e disputas por bens, é frequente irmãos indiferentes ou mesmo prisioneiros da inveja, não é raro pais abandonarem os filhos ou mesmo resistirem a reconhecê-los.

Porém é comum, é frequente, não é raro, mães que se sacrifiquem por seus filhos, não os abandonando em situações extremas; retrato disso são as visitas a detentos de penas longas; passam-se os anos e o número de visitantes vai diminuindo, mas é comum verem-se as mães mantendo a fidelidade nas visitas após 15, 20 anos de reclusão.

Boa parte dessa força das mães terrestres é devida às energias de amor maternal que Maria derrama sobre a Terra alimentando o afeto das mães de todas as nações, de todas as religiões, de todas as condições econômicas e sociais.

Isto ocorre não só no plano físico como também no plano espiritual; devendo esse fato ao amor maternal não estar atrelado ao corpo físico, como é demonstrado pela dedicação das mães de filhos adotivos.

Por esse apoio que Maria proporciona, ela é chamada de "A Mãe das Mães".

Dezembro de 1938

O menino estava só e prisioneiro num leprosário perante os olhos humanos; mas não estava desamparado, o Céu o protegia maternalmente.

No plano espiritual Maria lhe enviava o seu carinho maternal diretamente e também por intermédio de Constância, espírito iluminado pelas vitórias espirituais que alcançara, e nutrindo pelo adolescente um purificado afeto maternal, pois fora mãe de Neco em encarnações anteriores; aliás, a encarnação de Neco deveu-se à intercessão de Constância avalizando a experiência terrestre de Neco com seus créditos espirituais.

Constância era muito amiga de Fabrício, o anjo da guarda de Neco, e acompanhava com desvelo maternal sua nova vida, trabalhando pelo seu sucesso.

— • —

Enquanto na Terra ocorriam os festejos do Natal de 1938, observemos um local do mundo dos espíritos.

É uma edificação circular com uma abóbada que vai se estreitando para o alto, terminando numa haste a projetar-se para o alto, semelhante a uma antena.

O teto é cristalino, transparente, permitindo que se enxerguem as estrelas.

As paredes parecem ser feitas de jade[29], e são ornadas de graciosas janelas em estilo oriental, feitas do mesmo material transparente do teto.

A mobília se constitui em bancos dispostos em forma circular, feitos do mesmo material das paredes.

Uma música suave e um perfume sutil e doce a tudo penetram.

Quatro ou cinco entidades elevadas, sentadas num dos bancos circulares, conversam; entre elas, duas que nos são familiares: Fabrício, anjo da guarda de Neco, e Constância, sua mãe pelo coração.

Constância:

— Neco terminou a sua infância, não mais um menino, mas um adolescente... Apesar de suas muitas lágrimas, no geral correu bem esse seu período de vida; aos 12 anos viu muitas dores e já tem consciência do sofrimento humano.

Fabrício:

— Aprender que os outros sofrem é o primeiro passo para a compaixão e a compaixão é o primeiro passo para o amor. Esse isolamento da família também abriu o seu coração para a universalidade do amor que valoriza os vínculos carnais, uma de suas grandes fontes, mas não deve ficar encarcerado nas malhas do parentesco.

---

[29] Pedra verde esmeralda, translúcida, mais resistente que o aço.

Constância:

— O amor ao trabalho e ao estudo, nas encarnações passadas, amenizará bastante as turbulências da adolescência, pois essas ocupações são barreiras naturais contra maiores desregramentos.

Fabrício:

— Nesta encarnação não deve ser diferente; o maior desafio virá depois: estudar para a vida e trabalhar para Deus. Agora na adolescência deverá despertar do longo sono da infância, assumindo gradativamente a herança de si mesmo a constituir-se em realizações e dívidas, correspondendo a tarefas de evolução clara e simples e ao dolorido trabalho da regeneração.

Depois de mais algumas considerações o grupo decidiu orar em conjunto pelo Neco.

Coincidindo com fim da bela prece, nascia a lua, espalhando por toda a paisagem sua luz prateada.

O grupo de espíritos saiu do pequeno edifício, que semelhava pedra preciosa engastada na joia de um jardim e pôs-se a apreciar as flores coloridas, banhadas pelo luar...

LIVRO 1 - O MENINO

8 de julho de 1626

- Nasce Manuel dos Santos, em Santos, sexto filho de Maria Custódio Soares dos Santos e Luiz dos Santos.
- Doravante Manuel dos Santos será chamado simplesmente de Neco.

28 de agosto de 1926

- Nasce Luiz Betcher, em Amparo, que seria grande amigo de Neco.

1927

- Conceição ingressa na Cruz Vermelha.

3 de maio de 1928

- É inaugurado o "Asylo Colônia Santo Ângelo" em Mogi das Cruzes – SP, cenário onde Neco passaria a maior parte de sua vida.

17 de outubro de 1928

- Conceição completa 20 anos e passa a viver com Procópio Ferreira, celebridade da época, atuante no teatro.

1928

- Lauro Souza Lima forma-se em medicina.

1929

- Nasce Alda, a irmã caçula de Neco.
- O Brasil mergulha em grave crise econômica provocada pela quebra da bolsa de Nova Iorque.

1930

- Getúlio Vargas chega ao poder por meio de um golpe do estado.
- Sales Gomes, ligado ao grupo que apoiava Getúlio, assume o Departamento de Profilaxia da Lepra.
- João, irmão mais velho de Neco, começa a trabalhar numa gráfica em Santos.

5 de junho de 1931

- É inaugurado o Sanatório Padre Bento em Guarulhos – SP.
- Um mês depois, Lauro Sousa Lima assume a diretoria do Sanatório.

1931

- Conceição separa-se de Procópio Ferreira.
- Morre a única filha de Conceição.
- Aos 23 anos, após quatro gestações frustradas, várias homens, Conceição sente-se uma velha.

7 de outubro de 1931

- São internados os primeiros doentes no sanatório de Pirapitingui, em Itu – SP.

Janeiro de 1932

- Sales Gomes inspira nova legislação sobre a lepra, proibindo o tratamento particular ou domiciliar, determinando assim o isolamento compulsório para todos os leprosos, independentemente de sua condição financeira, contrariando o pensamento de Emílio Ribas de que os hospitais seriam apenas para aqueles que não tivessem condições de se tratarem no próprio domicílio.

Abril de 1932

- É inaugurado o Asylo Colônia de Cocais, em Casa Branca – SP.

1933

- Alberto, irmão de Neco, é internado em Santo Ângelo; tios e primos se afastam por medo do estigma da hanseníase.
- O número de leprosos internados no estado de São Paulo é 3.000.
- É inaugurado o Asylo Colônia de Aimorés, em Baurú - SP.
- Virgílio Quáglio é internado em Santo Ângelo.
- Neco é matriculado no Grupo Escolar de Santos (Cesário Bastos).

1934

- Getúlio é eleito presidente do Brasil numa eleição indireta, permanecendo no poder.

17 de março de 1935

- Neco e seu irmão Zeca são internados em Santo Ângelo.

1936

- Aos 20 anos, João, o irmão mais velho de Neco, assume a gerência da gráfica onde trabalhava.
- João aluga uma casa melhor para a família, e assume a chefia da família em virtude do alcoolismo do pai.
- Virgílio Quáglio assume a Caixa Beneficente de Santo Ângelo.

29 de julho de 1937

- Luiz Betcher é internado em Santo Ângelo.

1937

- O número de leprosos internados no estado de São Paulo é 6.500.
- No período 1934/1937 foram internados 6.300; morreram, portanto, 2.800.
- Tendo que entregar o cargo de presidente no ano seguinte, Getúlio promove novo golpe, instalando o "Estado Novo" de inspiração fascista, eternizando-se no poder.
- O poder absoluto de Getúlio fortalece Sales Gomes; a feição fascista do governo torna mais difícil a vida dos doentes pelo cerceamento da liberdade de expressão e por contrariarem a ideias genéticas de "raça pura e superior".

1938

- Adhemar de Barros, interventor (governador) nomeado por Getúlio, visita Santo Ângelo.
- É inaugurada a nova escola de Santo Ângelo, o "Atheneu Leonor Mendes de Barros", por ocasião da visita.
- Neco encerra sua vida escolar e também sua infância.

LIVRO 2
O ADOLESCENTE

Quando o personagem convive com um mar de dores físicas e morais, aprendendo a serenidade e constatando a fragilidade das coisas materiais.

A lepra (hanseníase, morfeia, mal de Hansen, mal de Lázaro) é uma doença infecciosa causada pelo bacilo "Mycobacterium Leprae", que afeta principalmente os nervos e a pele, provocando danos severos.

O nome hanseníase é devido ao descobridor do microrganismo causador da doença, Gerhard Hansen.

É chamada de "a doença mais antiga do mundo", afetando a humanidade há pelo menos 4.000 anos.

Progressão e tipos da doença

A lepra tem as formas mais brandas, em que ocorrem manchas na pele, zonas de insensibilidade, e algumas lesões decorrentes em grande parte da insensibilidade; porém, o estado geral do doente permanece relativamente bom, conquanto sofra a consequência comum das infecções: fraqueza, febre e, com a queda do sistema imunológico provocada pela enfermidade, fica sujeito às chamadas doenças oportunistas; posto que a hanseníase raramente mata, quem mata são outras doenças, às quais ela abre a porta.

Essas formas mais brandas recebem os nomes de "indeterminada" na forma inicial da doença e tuberculoide, em que as manchas ficam de cor mais acentuada e surgem granulomas.

A hanseníase "indeterminada" pode evoluir para a forma "lepromatosa", mais insidiosa, em que o paciente apresenta os "lepromas", nódulos que podem aparecer em todo o corpo.

A hanseníase manifestou-se em Neco na forma indeterminada, depois evoluiria para a forma tuberculoide.

AÇÃO DO BACILO "MYCOBACTERIUM LEPRAE"

O bacilo ataca principalmente a pele, os nervos, os gânglios linfáticos, as mucosas e outros órgãos, como o fígado, o baço, a médula óssea e os testículos, provocando inflamações, algumas com secreções.

Esse ataque generalizado do bacilo tem como consequências comuns:

• na pele: formação de manchas e nódulos, que por vezes são supurados exalando secreções de cheiro desagradável.

• nos olhos: diversas moléstias e cegueira.

• nos nervos: as terminações nervosas da pele são destruídas, produzindo a insensibilidade quanto à temperatura, depois quanto à dor e, finalmente, quanto ao tato, que leva o doente a machucar-se muito, sofrendo amputações, perdendo dedos e apresentando uma atrofia denominada "mãos em garra"; esses distúrbios podem levar inclusive à paralisia dos músculos.

• nos testículos: esterilidade, impotência e perda do desejo sexual, assim como nos ovários gerando a esterilidade, menopausa precoce, frigidez.

• nas mucosas: leva à obstrução do nariz, laringe, exigindo por vezes a traqueotomia, ou seja, uma cirurgia abrindo uma abertura na traqueia, para que a pessoa possa respirar.

• figado: é afetado em quase todos os casos, aumentando de volume de forma impressionante.

• rim: há degeneração do rim, reduz-se a quantidade de urina, é comum o surgimento de uremia.

• sangue: anemia.

— • —

Agradeçamos ao mundo
O cálix de angústia e fel.
O mármore se aprimora
A beliscões de cinzel.[30]

TRATAMENTO

Em 1939, a hanseníase era incurável e considerada altamente contagiosa; hoje, sabe-se que cerca de 90% a 95% da população são imunes à hanseníase.

O remédio utilizado na época era o óleo de chalmugra, vindo da Índia, injetado no músculo. Quando acontecia de pegar algum capilar, provocava inclusive vômitos. Posteriormente, foi administrado via oral em cápsulas.

Embora apresentassem o óleo como um medicamento, os médicos não se furtavam em dizer solenemente que a lepra era incurável, pois não havia evidências científicas de que a chalmugra curasse ou aliviasse os sintomas da hanseníase.

A DOENÇA SOCIAL

Há um componente social importante na lepra: o estigma.

Estigma era uma marca feita com ferro em brasa, aplicada a criminosos e escravos para que fossem reconhecidos publicamente como tais, de sorte que os outros se precavessem contra eles.

No Antigo Testamento, a lepra era dada como impureza; quem tocasse um leproso seria também considerado impuro; esse fato reforçou o preconceito contra os doentes.

---

[30] Casimiro Cunha – *Gotas de Luz* – Chico Xavier – FEB.

Esse preconceito social, identificando o doente como alguém que deve ser temido e afastado, chegou até nossos dias de forma atenuada; porém, na década de 1940, quando ainda não se conhecia a cura da hanseníase, e o fato de a maioria da população ser imune, a situação era muito diferente.

Um dos amigos de Neco, Catelli, afirmava que seu irmão foi demitido sumariamente de um cartório onde trabalhava há vários anos, quando o dono do cartório soube que ele tinha um irmão leproso.

Esse preconceito era aumentado por mitos que circulavam: o leproso que contagiasse sete pessoas ficava curado; um jornal da época noticiava que um doente havia fugido de um leprosário e estava num dado bairro de São Paulo; que os moradores se precavessem, pois naturalmente ele procuraria contaminar sete pessoas para livrar-se da doença.

Outro mito era que o hanseniano ia perdendo pedaços do corpo; inicialmente iam caindo os dedos, depois o nariz, depois o pé, etc.

Geralmente as humilhações, agressões, perdas, amargadas pelo hanseniano e sua família, em virtude do preconceito social, traziam mais sofrimentos que a doença propriamente dita.

— • —

— Na solidão das feridas
De um pobre corpo em cruz,
Tenho um irmão dia a dia;
O irmão chamado Jesus.[31]

[31] Jésus Gonçalves – *Coração Missionário* – Chico Xavier – IDEAL.

Em 1939, vários acontecimentos se conjugariam para imprimir uma nova direção na vida do adolescente Neco: o trabalho, a mudança de direção do hospital e o início da Segunda Guerra Mundial.

A Segunda Guerra Mundial

Segunda Guerra Mundial
Varsóvia, capital da Polônia.

No dia 1° de setembro de 1939, uma sexta-feira, a Alemanha invadiu a Polônia. Em decorrência, a Inglaterra e a França declararam guerra a Alemanha. Iniciava-se a Segunda Guerra, que teria forte influência na vida do adolescente.

Com a guerra os oceanos, especialmente o Atlântico, teriam sua navegabilidade comprometida pelas ações bélicas, notadamente a ação dos submarinos, com cada facção procurando afundar os navios que abasteciam o adversário.

O Brasil era um país cuja economia baseava-se no comércio exterior: exportava produtos agrícolas e minerais e importava a maior parte dos manufaturados que consumia. As exportações e importações fluíam pelo Atlântico demandando Europa e Estados Unidos.

Os tropeços na navegação marítima entravavam o fluxo econômico do país diminuindo a arrecadação; menos arrecadação, menos verbas; menos verbas: alimentação, higiene e cuidados médicos piores.

De outro lado, a guerra absorvia todas as atenções, toda a mídia. Santo Ângelo, cuja visibilidade já era pequena, desapareceria quase por completo dos noticiários, não encontrando mais espaço para suas reivindicações.

Troca do governador da cidade

Tendo seu poder muito aumentado pela ditadura Vargas, Sales Gomes livrou-se do Dr. Abreu, substituindo-o pelo Dr. José Ferreira Gomes.

O Dr. Ferreira Gomes veio transferido do Hospital de Cocais, próximo a cidade de Casa Branca; trouxe consigo uma senhora, Balbina, conquanto hanseniana era uma mulher bonita e elegante, também vinda de Cocais.

O novo diretor era um homem fraco; sua esfera de decisões era bastante reduzida pela sua submissão ao Dr. Sales Gomes; as poucas decisões que sobravam ainda eram assumidas na maior parte por Balbina, quem formalmente tomava conta das crianças, mas na verdade era ela quem dirigia o hospital.

Acabaram-se os uniformes azuis, a ginástica pela manhã, a alimentação de qualidade; o grande objetivo do novo diretor era atender às reduções de despesa solicitadas por Sales Gomes.

O HOMEM SORRIDENTE

O adolescente passou a ver o "professor" sorridente, Virgílio Quáglio, a partir de fins de 1938, sofrendo grande e rápida decadência física, deformando-se bastante e perdendo a visão.

Virgílio entrara na fase mais aguda da doença, a forma lepromatosa.

Deixou seu trabalho na Caixa Beneficente, recolhendo-se a sua casa onde imergiu em profundas reflexões interiores, buscando sobreviver naquele imenso oceano de dores e humilhações por meio da compreensão mais profunda, posto que o mundo exterior se desfazia para ele, junto com o seu corpo.

ALBERTO

Quando Neco foi internado, Alberto estava relativamente bem, trabalhava como copeiro.

Porém, por volta de 1939 foi piorando da doença, retirado do trabalho e foi internado no pavilhão 17, chamado afetivamente de "ferro-velho", onde ficavam os "acamados", ou seja, os que necessitavam de cuidados constantes e não tinham limitações de locomoção, em virtude da progressão da doença.

Na angústia de seus sofrimentos acerbos, Alberto hauria forças nas visitas da mãe.

Alberto, que havia perdido uma das vistas, em Santos, antes de ser internado, ficava de rosto colado no vidro da janela da enfermaria, no segundo andar, nos domingos de visita, e conseguia identificar a figura da mãe a mais de duzentos metros de distância, quando ela chegava acompanhada pelo pai; aí, solicitava, aflito, que o levassem para vê-la.

Conquanto a cerca de arame farpado e os guardas evitando qualquer contato físico, as visitas da mãe, que pelo regulamento somente poderia vê-lo uma vez por mês, lhe traziam grande conforto.

O TRABALHO EM SANTO ÂNGELO

Todos que podiam trabalhar, trabalhavam de boa vontade.

Pela manhã tocava a sirena convocando para o trabalho, que ia até as 11 horas, aí surgia o intervalo do almoço; às 12h15 se iniciava o período da tarde, concluído às 16 horas.

Foi esse trabalho que tornou viável o hospital, porque o Estado não teria verbas suficientes e também, mesmo que tivesse, haveria grande dificuldade para conseguir mão de obra, para manter todo o hospital funcionando, devido ao enorme preconceito que a doença provocava.

Acresce ainda: as imediações do hospital eram ermas e haveria necessidade de trazer gente de longe, dificultuosa naqueles dias de transportes precários.

Todos os internos trabalhavam, mesmo que tivessem algum impedimento, arranjavam o que fazer, nas inúmeras seções necessárias, para manter tudo funcionando.

Santo Ângelo
Internos recebendo os proventos da "laborterapia".

Toda aquela atividade transmitia alegria e esperança.

— • —

Porém, o trabalho não era somente alegria; em meio às cores vivas, surgiam aqui e ali as flores murchas do sofrimento.

O hospital inteiro era varrido todos os dias; normalmente quem fazia esse trabalho eram os mais velhos, sem condições de fazerem serviços mais pesados.

Um dos internos que marcou o adolescente foi "Manuel Português", que trabalhava como varredor de rua.

Sua figura, aparentando uns 50 anos, alquebrado, quase cego em virtude da moléstia, manejando uma grande vassoura feita de ervas, cuidadoso para não levantar poeira, nas ruas de terra, ganhando algumas moedas na tarefa que lhe custava muitos sacrifícios, ficou na memória do adolescente como um quadro triste.

Neco transforma-se num trabalhador

O adolescente começou a trabalhar, na enfermagem, tomando conta da porta, ordenando a entrada daqueles que iam tirar sangue.

— • —

Aos 13 passou a trabalhar na Prefeitura de Santo Ângelo, órgão responsável pelas atividades administrativas do Asylo, gerido inclusive por um "prefeito" interno cujo poder ficava apenas abaixo do diretor.

Inicialmente trabalhou na distribuição de mantimentos para as famílias.

Num segundo momento, sob as ordens do Sr. Benedito, anotava as "solicitações de serviço".

Chegava alguém:

– Bom dia. A descarga de minha casa não está funcionando.

– Qual é o seu nome?

– Antônio Fernandes.

– Qual é o seu endereço?

– Casa 9, Rua 3, Bairro do Limão.

Santo Ângelo
Escritório da prefeitura.

—— • ——

Neco anotava as "solicitações de serviço" pela manhã, com sua caligrafia caprichada; à tarde levava as "solicitações até a oficina"; o chefe da oficina atribuía as prioridades e distribuía os serviços pelos funcionários.

Encio Gaitinha

Nessa atividade conheceu o jovem Encio, que tinha o apelido de "gaitinha", pois ao entrar em Santo Ângelo, em 1936, no vigor de seus 20 anos, tocava esse instrumento musical constantemente.

Encio Gaitinha
Aos 20 anos – 1936.

Encio trabalhava na área de eletricidade, dando andamento às "solicitações de serviço" nesse setor.

Uma respeitosa simpatia nasceu entre Encio e o adolescente.

Essa simpatia vinha do passado remoto[32]. Na encarnação do século 18, quando Neco foi um rico comerciante em Belém, Encio era Dom Miguel, bispo do Grão-Pará.

Nessa encarnação foram amigos e Neco apreciava os conselhos de Encio, posteriormente trabalharam juntos muitos anos no plano espiritual.

Desta vez, no entanto, eram simplesmente dois funcionários subalternos de um asilo para leprosos.

— • —

Muitos amigos perguntam
Com desencanto invulgar
—"Por que vocês, de outro mundo,
Falam tanto em trabalhar?"

Eis a resposta:"na vida
Quem não serve, não se apura
E fica por muito tempo
Dormindo na sepultura".[33]

---

[32] O convívio entre Encio e Neco é descrito no primeiro volume desta trilogia, *Buscando a Luz*.

[33] Cornélio Pires – *Sinais de Rumo* – Chico Xavier – GEEM.

A partir do início de 1941, um benfeitor espiritual, que olhasse com a máxima atenção o cérebro do adolescente, veria, em algumas ocasiões, quando Neco era influenciado pelas forças do bem, ou sua mente divagava em profundas reflexões, uma pequena flor resplandecente.

Essa pequena flor era formada por um núcleo do tamanho de uma ervilha, pouco mais de 0,5cm, de cor cinza avermelhada, que aos olhos espirituais se tornava brilhante, emitindo raios luminosos, a semelhança das pétalas de uma flor de lótus[34], localizada no centro do cérebro do adolescente.

A medicina terrestre, que não vê suas radiações luminosas, mas somente o seu aspecto material, a denomina de glândula pineal, epífise neural ou simplesmente epífise. Modernamente há muitas discussões quanto as suas funções; há um certo consenso de que ela exerce um papel importante nos ciclos vitais, principalmente o sono, e no controle de atividades sexuais e de reprodução.

Porém nos interessa o seu aspecto mental, segundo a visão dos benfeitores espirituais.

O despertamento dessa flor resplandecente aos 14 anos de Neco teve consequências importantes, reabrindo para o adolescente um mundo maravilhoso de sensações e emoções.

Inicialmente a sexualidade, a tomar forma no seu corpo, acentuando a musculatura, produzindo a barba e pelos no corpo, engrossando a voz; mas além do corpo, a sexualidade passou a agir na mente do adolescente impondo comportamentos, escala de valores, sonhos e atrações, nitidamente masculinos.

---

[34] Planta aquática também conhecida como ninfeia, nenúfar, relativamente comum nas lagoas brasileiras.

A pequena glândula também abriu as portas do passado; as paixões de outras vidas reapareciam sob a forma de impulsos. Mas não só as paixões, as lutas pelo aprimoramento da alma e a grandeza das forças criadoras também compareciam.

Sob seu influxo determinante, os testículos do adolescente passaram a funcionar, inundando o seu sangue de hormônios, porém os mecanismos mais refinados da criação, tanto na reprodução carnal quanto na criatividade, em geral baseada no acervo das experiências milenares, ficavam sob a competência da pineal.

As energias da pineal podem ser denominadas de "unidades força" ou hormônios psíquicos.

Direcionando as energias provenientes da pineal, o adolescente poderia utilizá-las:

• inconsideradamente no sexo desregrado originando débitos, tendo como consequência uma encarnação vazia de progresso a resolver-se após a morte em longos sofrimentos no umbral.

• ou na sua iluminação interior, sendo fontes de virtudes e realizações morais a elevá-lo a novos patamares evolutivos aproximando-o do amor, da felicidade.

Um outro aspecto importante era o mediúnico; a pineal também é responsável por abrir as portas da alma às influências mediúnicas.

A que tipo de espíritos a pineal do adolescente abriria as suas portas?

• A espíritos dementados, inimigos da luz como ocorrera em encarnações passadas, infelicitando não só Neco mas também aqueles com quem convivia?

• Ou desta vez sairia vitorioso trazendo para os que o cercavam a mensagem edificante dos benfeitores espirituais?

O adolescente não possuía, evidentemente, essas informações, no entanto sentia uma porção de coisas e não sabia o que fazer com elas.

Desprovido de uma fé mais sólida, não lhe era claro o valor das virtudes; semelhava alguém aprendendo a andar de bicicleta, pendia ora para a esquerda, ora para a direita, caía às vezes, não sabia que direção dar a sua vida, seguindo um caminho tortuoso; no entanto, possuía vários aliados:

• amor ao trabalho;

• amor ao estudo;

• gosto pelo esporte, que aliviava as tensões sexuais;

• a disciplina rígida do leprosário, extremamente conservadora quanto ao relacionamento homem/mulher;

• longo esforço de preparação para a existência atual, valorizando a virtude;

• a proteção do alto que lhe enviava bons pensamentos e muito ativa naquele lugar de provas duríssimas;

• a voz da própria consciência, dom divino, que ecoava na sua cabeça aprovando o certo e condenando o errado.

De outro lado, também havia inimigos:

• obsessores adquiridos em outras vidas;

• o vício cultural do machismo, que considerava fraco o homem não promíscuo.

Escolhas que ele faria por meio da própria conduta, decidindo quem sairia vitorioso na luta entre o bem e o mal que se travaria dentro dele. Iniciada aos 14 anos, essa luta iria desenrolar-se por toda a sua vida.

Um bom moço, filho de boa família

Neco conviveu com muitas histórias, nessa época de sua vida. A história de Sílvio, que seria um de seus maiores amigos, ajuda a compreender o cenário onde se educou.

A infância

Sílvio era o quarto filho de uma família italiana, natural do Piemonte, emigrada para o Brasil, residente na cidade paulista de São Roque[35].

A família ganhava a vida cultivando peras e uvas.

Nascido em julho de 1923, desde bebê foi grandalhão, corado.

Um quadro que ficou na sua memória: ele menino, vendo curioso a mãe atender a grupos de leprosos: mães doentes com filhos ao colo, geralmente a cavalo. A mãe, Maria Lúcia, dava dinheiro, alimentos, roupas, qualquer coisa que pudesse ser de serventia e não fizesse muita falta em casa, e o grupo partia com suas fisionomias desesperançadas vagando sem destino...

Em 1932, quando ele tinha 9 anos, apareceram umas manchas em sua perna, o pai, José, levou-o ao Dr. Júlio.

O médico, amigo de José, o pai (Dr. Júlio fora colega de grupo escolar), receitou algumas injeções.

Os medicamentos foram aplicados, as manchas desapareceram, mas o Dr. Júlio aconselhou:

— É prudente o menino não ir mais à escola.

A mãe deu a notícia para Sílvio.

---

[35] Cidade a 60 quilômetros de São Paulo.

— Eu avisei a professora, a partir de amanhã você não vai mais à escola.

— Por que, mamãe?

— Eu e seu pai achamos melhor...

Sílvio não insistiu em saber por quê; "se a mamãe disse que não era para ir à escola, estava dito, eu não iria, e estava acabado".

Um ano depois, apareceu uma insensibilidade nos dedos do pé: "não contei para mamãe, pois o que não doía não incomodava; se doesse, certamente eu teria falado para ela".

Aos 12 anos, passou a trabalhar e morar durante a semana com um tio, dono de adega; vendia vinho produzido na região, nos mercados municipais de São Paulo: Pinheiros e Central.

Os anos foram passando; fins de semana com a família e futebol, o trabalho com o tio, crescendo normalmente, tornando-se um moço trabalhador, responsável, estimado por toda a família.

Semana trágica

Segunda-feira, 14 de agosto de 1939

Sílvio está com 16 anos, é um adolescente, forte, alto, encorpado, parecia mais velho.

Está trabalhando na adega com o tio.

Ao pular uma prancha, a mão escapa e raspa numa alça de uma quartola de vinho, tirando um pedaço da pele da mão.

Sílvio não sente dor alguma; o fato chama a atenção dele e do tio; no fim da tarde, o tio o leva de volta a casa do pai.

— • —

Terça-feira, 15 de agosto de 1939

José, o pai, leva Sílvio até o Dr. Júlio.

Dr. Júlio está acamado; pede a Sílvio que sente à beira da cama; toma uma caneta, daquelas antigas com pena de aço, próprias para molhar no tinteiro, e vai passando a pena de aço, seca, sobre a pele de Sílvio; passa com força, sai até um pouco de sangue:

— Sílvio, você está sentindo alguma coisa, alguma dor?

— Não, doutor, não estou sentindo nada...

Dr. Júlio não faz comentário algum.

Pede ao pai que pegue um tinteiro e o bloco de receituário.

Molha a mesma caneta no tinteiro e passa a escrever uma carta no bloco de receituário.

Comenta com o pai:

— São médicos amigos e experientes eles darão a palavra final; espere na sala, menino, quero dar um dedo de prosa com seu pai...

— • —

Quarta-feira, 16 de agosto de 1939

Sílvio e o pai levantam-se bem cedo, tomam o trem, vêm para São Paulo, para o bairro do Pacaembu.

Na clínica apresentam a carta do Dr. Júlio; os enfermeiros com um estilete recolhem material: das narinas e também das manchas que Sílvio tem pelo corpo; preparam lâminas e as examinam ao microscópio; finalmente escrevem uma carta em resposta ao Dr. Júlio.

José paga 50 mil réis pelos exames.

Voltam para São Roque.

— • —

Quinta-feira, 17 de agosto de 1939

No dia seguinte, dirigem-se novamente ao Dr. Júlio, ele abre a carta e diz simplesmente a Sílvio:

— Menino, vai para fora, que eu quero conversar com seu pai...

Conversam algum tempo, e depois o pai e Sílvio voltam para casa;

Chegando em casa o pai recomendou:

— Sílvio, eu não quero que saia de casa e não comente com ninguém o que aconteceu esta semana...

Não explicou o que estava acontecendo, e Sílvio não perguntou; mais tarde saberia: todos os exames deram positivo.

A mãe, plena do seu amor maternal, falou ingenuamente para o filho:

— Cuidado, meu filho, não tome sereno, pode lhe fazer mal...

— • —

Sábado, 19 de agosto de 1939

O pai e o filho levantam cedo, pegam a mala que a mãe arrumou e vão para São Paulo.

Em São Paulo, tomam o trem da Central do Brasil em direção a Jundiapeba; é um trem de subúrbio, velho e lerdo, com o teto esburacado. As brasinhas que saem da chaminé da locomotiva penetram pelos buracos do teto e queimam a roupa e a pele dos passageiros.

O trem sai da cidade e vai acompanhando o rio Tietê, as várzeas planas se espalham a sua esquerda, na sua maioria não cultivadas, bem diferentes do relevo acidentado de São Roque, cheio de montanhas, vales e pomares.

Há tristeza no ar, Sílvio quase não faz perguntas, talvez não queira saber.

O pai, calado, com uma expressão de amargura, se exprime por meio de monossílabos.

Chegam a Jundiapeba; na estação pegam um carro de aluguel que os leva até o "Asylo Colônia Santo Ângelo".

Chegando lá são conduzidos até a casa do Dr. Itagiba, Diretor Interino do Hospital, coincidentemente também de São Roque e conhecido de infância, tanto do Dr. Júlio quanto de José, o pai.

O Dr. Itagiba é amistoso, procura transmitir alegria e hospitalidade, apresenta a esposa e as filhas, serve um café.

A seguir, o adolescente é conduzido para preencher a documentação de internação; ao entrar no hospital observa alguns doentes e percebe com clareza a sua situação; então diz para si mesmo: "então é essa a doença que eu tenho".

Ao preencher a carteirinha de identificação, o funcionário se equivoca pela aparência grandalhona do adolescente e marca "18 anos".

O pai dá algum dinheiro e se despede; por muito anos não haverá mais contato físico entre eles.

Um guarda o conduz pelo meio de ruas e prédios até sua cama no "Pavilhão Santista", conquanto não fosse de Santos, era onde havia vaga.

Acomoda-se e fica lá quieto; olha o relógio, 14h30; olha pela janela, céu azul, um lindo sábado.

Seu corpo está pesado, seu coração está pesado, tudo pesa; olha o teto, parece que vai despencar em sua cabeça; quer dormir, esquecer, mas os olhos teimam em permanecer abertos fitando o teto.

À noite os colegas de enfermaria o tiram daquela inércia.

— Hoje é dia de baile, vá até o salão dançar.

Sílvio sai, acha o salão; estavam presentes o Dr. Itagiba e a família; o Dr. Itagiba o apresenta a alguns notáveis do hospital: ao prefeito, ao presidente da Caixa Beneficente...

Eles insistem:

— Vá dançar, rapaz, divirta-se...

Há moças no baile, algumas aparentemente sãs e bonitas, mas Sílvio não sente nenhum entusiasmo.

Logo depois sai dali, vai até o Cassino amparado pela sua carteira de "18 anos"; mas como bom menino pede apenas dois sanduíches de queijo e um guaraná.

Resolve ir dormir, perde-se no caminho, não consegue encontrar o pavilhão. Quando encontra o pavilhão, não sabe mais onde era a sua enfermaria, na enfermaria não lembra qual a sua cama...

Finalmente, deita-se; olha o relógio, 22 horas; mas não dorme; tudo é muito confuso na sua cabeça; contrapondo-se a insensibilidade física, toda a sua alma dói, o cérebro recusa-se a pensar, a aprofundar raciocínios.

Guardas passam pelo dormitório verificando se todos estavam nas suas camas, percebe também guardas patrulhando o lado de fora; compreende que está numa prisão.

Uma grande nuvem cinza envolve a tudo e a todos...

— • —

Domingo, 20 de agosto de 1939

Às 10 horas um guarda vem procurá-lo:

— Seu pai esta aí para visitá-lo.

Levanta-se, troca-se, sai pelas ruas de Santo Ângelo em direção à portaria:

Duas cercas com quatro fios de arame farpado se estendem paralelas, por uma centena de metros; o corredor de dois metros formados pelas duas cercas é patrulhado por guardas, para evitar qualquer contato físico ou passagem de objetos entre os internos e as visitas. As cercas são cobertas por um telhado para evitar que pacientes e internados tomem chuva ou sol.

Ao lado das cercas há bancos para que as visitas se acomodem; duas pequenas multidões de cada lado da cerca produzem com suas conversas um burburinho.

Parlatório de Santo Ângelo
Ao lado da portaria, onde apenas familiares podiam conversar com seus parentes internados, sendo os doentes separados dos visitantes por cercas de arame farpado e vigiados por guardas.

Localiza o pai sentado num dos bancos; senta-se a sua frente, emoções desencontradas o emudecem; chora; alguns soluços, mas sem estardalhaço.

Do outro lado, o pai também chora; choro manso, a semelhança de regato correndo entre pedras.

Os minutos se alongam; apenas se olham e choram.

Finalmente, o pai consegue falar alguma coisa:

— Fui ontem para São Paulo, dormi lá e voltei agora pela manhã para visitá-lo...

Sílvio também para de chorar:

— Ontem eu fui a um baile, mas não dancei, depois fui a um cassino...

A conversa é esparsa e desencontrada, pontilhada de silêncios longos; nenhum dos dois sabe o que dizer, mas ficam ali um defronte o outro porque também não sabem para onde ir; finalmente o pai se despede...

Domingo, 3 de setembro de 1939

Duas semanas depois, lá estava o pai acompanhado da mãe.

A conversa correu mais solta.

— • —

Por regulamento do hospital, as visitas só poderiam ser feitas uma vez por mês, no domingo predeterminado pelo hospital; no caso de Sílvio, era o primeiro domingo de cada mês.

A mãe sempre trazia alguns pratos para que Sílvio não se afastasse da comida caseira. Os pratos eram entregues ao guarda sadio que ficava do lado de fora; ele os examinava, para ver se não continha algo proibido como bebidas alcoólicas, por exemplo. A seguir, passava o prato para o guarda dentro do corredor, um interno; ele por sua vez entregava o pratinho para Sílvio.

Muita vez tiveram de vir a pé, os 5,5 quilômetros que separava Jundiapeba de Santo Ângelo, pois havia um único automóvel de aluguel disposto a fazer o trajeto.

As irmãs também vinham, eram assíduas, nunca se acovardaram perante o sol forte, ou a chuva torrencial...

— • —

Contrapondo-se ao quadro triste havia o futebol, o jogo de bocha, os bailes de sábado.

No começo trabalhou como garçom; depois, com o auxílio financeiro do pai, montou uma pequena lanchonete onde servia café, algumas bebidas e lanches.

Procurou sempre agir com correção; não queria desagradar os pais.

E, acima de tudo, sentia a doce emoção de saber-se amado pelos pais e irmãos, na saúde e na doença; na alegria e na tristeza.

— • —

No amor aberto em feridas
Em cuja dor te renovas,
Sana-se o mal de outras vidas,
Em meio de grandes provas.[36]

Fugas

Um acontecimento que se propalava rapidamente pelo hospital suscitando quilômetros de comentários eram as fugas.

O adolescente ouvia atento e assombrado as aventuras trágicas ou engraçadas dos que tentavam e, por vezes, conseguiam escapar.

Caso fosse pego na fuga, não tinha perdão: três meses de cadeia; a cadeia era particularmente sofrida, pois os presos não tinham direito a tratamento.

E o adolescente poderia conferir, passando em frente da cadeia e espiando o que acontecia lá dentro.

De outro lado ouvia histórias contadas em surdina, em meio a risadas e olhares matreiros.

Eis uma dessas histórias, ouvida na década de 1940, sobre Sílvio, que embora bom moço, não era santo:

O José Garcia queria ver a família, mas não queria ir sozinho, convidou Sílvio:

— *Sílvio, eu vou ver minha mãe em São Paulo, não quer ir comigo?*

— *Mas minha família mora em São Roque...*

---

[36] Leôncio Correa – *Paz e Alegria* – Chico Xavier – GEEM.

— Não tem importância, venha comigo, vai valer o passeio, ficamos lá na casa de minha mãe.

E assim fizeram, esperaram os guardas realizarem a inspeção dos quartos às 22 horas, quando os guardas providos de lanternas examinavam as camas uma a uma.

Logo após a inspeção, saíram furtivamente.

Santo Ângelo era grande e não era difícil descobrir uma trilha distante da portaria e dos lugares mais movimentados onde se pudesse pular a cerca e depois ir até Jundiapeba tomar o trem.

Foram a São Paulo, posaram a noite na casa de José Garcia, voltaram no dia seguinte e ninguém deu pela falta.

Era uma empreitada de risco, pois às vezes os guardas davam uma "incerta" durante a madrugada; de outras vezes ficavam à espreita na estação de Jundiapeba e, se fossem pegos, era prisão na certa.

Nasce o sol

Em fins de 1940, começo de 41, Virgílio, o homem sorridente, agora mergulhado na sua noite de tormentos e ausências, cego e doente, viu surpreso levantar-se um Sol, surgindo de trás da montanha das dores, a tudo iluminando e a tudo vivificando.

Esse Sol era a compreensão do Cristo, o divino crucificado, resplandecente sobre o monte do Calvário, lançando sua esperança e o seu perdão sobre o mundo.

Frases ouvidas muitas vezes, mas que não penetraram na sua consciência profunda, soavam agora como clarinadas, dando-lhe alento e direção: "Estejam tranquilos, eu venci o mundo", "Perdoa-os Pai, pois não sabem o que fazem", "Mãe, eis aí teu filho, filho eis aí tua mãe"; "Ainda esta noite você estará comigo no paraíso".

Surgia na sua alma a fé verdadeira, como ele próprio expressou num poema:

Contemplo desolado a longa estrada,
que preciso vencer... E estou vencido.
Brado, esbravejo, choro na calada
noite de minha dor, sem ser ouvido.

Lágrima! Pérola de luz gerada
na concha negra do erro cometido
Lágrima é... Eu ouvi... Mas não vi nada!...
e alguém falou... delírio... Estou perdido...

Sou a fé. Sou a escada que conduz
a humanidade aos páramos de luz,
sepultura da dor e da ilusão.

Ter fé é ver o céu dentro do inferno;
ter fé é ter calor em pleno inverno;
ter fé é sentir Deus no coração!

E alentado por esses conceitos, Virgílio tomou a sua cruz, colocou-a nas costas e partiu resoluto e sorridente à procura de Jesus.

E formulou uma prece em forma de poesia:

A Jesus

Meigo Jesus, ouvi a nossa prece
Envolvida na fé que fortalece,
E do enigma da dor, afasta o véu...
"... Pai Nosso que estais no céu..."

Pedi por nós ao Pai, terno Jesus
Para que seja dada alguma luz
Ao filhos, em cujas tramas se consome...
"... Santificado seja o Vosso nome..."

Apiedai-vos, Jesus, da humana gente,
E intercedei perante o Pai Clemente,
Para que a Ele chegue nossa voz...
"... O Vosso reino, venha a nós..."

Estancai o jorrar de tanto sangue,
Que torna rubro o chão e o homem exangue,
A pedir Paz, Amor, por caridade...
"... Seja feita a Vossa vontade..."

Livrai, Jesus, do caos negro e iracundo,
A vossa Terra, o vosso pobre mundo,
Que é de ofensas a Lei, incauto réu...
"... Assim na terra como no céu..."

Condoei-vos deste triste panorama:
Por tudo é só ruína, pó e lama,
Casados com a fome e a dor moral.
"... Dai-nos o pão material e também o espiritual..."

Pedi, Jesus, ao Pai, luz do saber,
Que inunde a alma do humano ser,
Perdida na amplidão das suas descrenças. . .
"... Perdoai as nossas ofensas..."

Volte a Paz e o Trabalho ao coração,
Hoje eivado de fel e de traição,
Que arranca lágrimas e causa dores...
"... Perdoaremos aos nosso ofensores..."

Vós, que reinais no reino da concórdia,
Que sois todo amor, Misericórdia,
Atendei nossa cálida oração...
"... Não nos deixeis cair em tentação..."

Que irradie de novo o sol de Amor,
Distribuindo Luz, Força e Calor,
Em honra e glória do Pai Celestial...
"... E livrai-nos do mal, de todo o mal..."

Assim seja, Senhor!

UMA TARDE CHUVOSA

La fora a chuva fina, quase garoa, molhava os campos, dando vida e vigor às hortas, aos pomares e jardins da fazenda onde se situava "Santo Ângelo".

Na sala de sua casa, Virgílio ouvia os ensinamentos de Jesus, iluminados pela Doutrina Espírita.

Aquelas palavras fertilizavam o seu coração à semelhança da chuva fina que caía lá fora.

José lia com voz pausada e grave.

Uma emoção diferente penetrou o quarto quando iniciou a leitura da "Missão dos Espíritas" [37].

4. Não escutais já o ruído da tempestade que há de arrebatar o velho mundo e abismar no nada o conjunto das iniquidades terrenas? Ah! Bendizei o Senhor, vós que haveis posto a vossa fé na sua soberana justiça e que novos apóstolos da crença revelada pelas proféticas vozes superiores, ides pregar o novo dogma da reencarnação e da elevação dos Espíritos, conforme tenham cumprido, bem ou mal, suas missões e suportado suas provas terrestres.

Não mais vos assusteis! As línguas de fogo estão sobre as vossas cabeças. Ó verdadeiros adeptos do espiritismo!... sois os escolhidos de Deus! Ide e pregai a palavra divina. É chegada a hora em que deveis sacrificar à sua propagação os vossos hábitos, os vossos trabalhos, as vossas ocupações fúteis. Ide e pregai. Convosco estão os Espíritos elevados...

Aquilo ecoou no coração de Virgílio, lembrou-se dos seus ideais de educação como força transformadora da sociedade.

Pensou em aulas sobre a Doutrina Espírita, mas a Doutrina era também prática; o que se fazia necessário ali em Santo Ângelo era uma equipe, e uma equipe para se firmar e permanecer necessitava de uma instituição, ou seja, um Centro Espírita; a sede poderia ser a sua própria casa.

---

[37] *O Evangelho segundo o Espiritismo*, Cap. 20 – "Trabalhadores de Última Hora", Allan Kardec.

O escravo que várias vezes se comunicara por Felix[38] e havia dado o nome de João Cândido lhe veio à mente; viu na sua tela mental aquele estranho negro de roupas rotas, mas cujos olhos pareciam uma pequena noite de lua nova estrelada.

Aqueles olhos penetraram a sua alma e falaram ao seu coração com uma ternura fraternal, alegre, inteligente, ativa.

João Cândido sorriu com seu dentes alvos, que pareciam uma fila de alunos uniformizados de branco.

Sem perceber, Virgílio sorriu também e sentiu um abraço forte e terno envolvendo-o. Aquele escravo que tão bem compreendia os ensinamentos de Jesus e surgira no mundo espiritual vitorioso de suas dores seria bem o inspirador da instituição.

Pediu ao amigo que interrompesse a leitura, tomasse de lápis e papel, e começou a ditar o estatuto do "Centro Espírita João Cândido".

O mesmo homem que há dois séculos redigira o estatuto da Companhia de Comércio do Grão-Pará, em parte dedicada ao tráfico de escravos, agora redigia o estatuto de um pequena instituição espírita que por mais de 60 anos, traria liberdade espiritual a inúmeras criaturas.

O estatuto em prática

Ao definir as finalidades do centro, Virgílio explicitou:

• Estudo do espiritismo sob todas as suas modalidades, como religião de ciências ocultas e metapsíquicas;

• A propaganda de seus ensinamentos doutrinários por todos os meios que oferece a palavra escrita, falada, sessões teórica e práticas;

• Prática da caridade moral, espiritual e moral.

---

[38] Felix era um interno cego, vendia bilhetes de loteria. Conquanto um "caipirão", quando em transe mediúnico, expressava-se num português correto; foi por meio dele que Virgílio teve seus primeiros contatos com o fenômeno mediúnico.

Nessa definição causam estranheza de um lado a ausência de palavras relacionadas a Kardec, e Jesus como kardecista, cristianismo, etc, de outro lado a presença das palavras "ciências ocultas" e "metapsíquica".

Vamos inicialmente às ausências: definir claramente a prática da caridade e o estudo do espiritismo é estar com Jesus e Kardec, posto que a caridade é o eixo da doutrina cristã e espírita, e o estudo é sua base.

A ausência das palavras não excluem a feição kardecista do Centro.

Quanto às ciências ocultas e a metapsíquica, nos deteremos um pouco mais.

As ciências ocultas, ou ocultismo, buscam desvendar os segredos da natureza, do universo e da própria humanidade, buscando um conhecimento que está além do conhecimento experimental aceito pela comunidade científica, consequentemente oculto para a maioria da população.

Richet, o criador da palavra e da ciência metapsíquica, refere que a metapsíquica estuda os fenômenos devidos a forças inteligentes não conhecidas, constando nessas inteligências não conhecidas os impressionantes fenômenos intelectuais do nosso inconsciente.

As duas visões não se opõem aos fatos espíritas, e sim os englobam; os danos que trazem são de pequena monta.

— • —

Esse derivativo do "ocultismo" e da "metapsíquica", unido à omissão de referência explícita a Kardec, foi o melhor?

Certamente que não.

Virgílio não fez o melhor, sua definição verbal do Centro Espírita João Cândido, por meio do estatuto, deixou a desejar.

É bom que tenhamos presente o ensino de Bezerra de Menezes: "mesmo o mais atrasado dos espíritos terá alguma virtude e algum ato bom; da mesma forma o mais adiantado dos espíritos terá sua imperfeição".

Não busquemos a perfeição em espíritos encarnados, e Virgílio certamente não foi perfeito.

— • —

Uma instituição terá a sua definição formal, a sua feição teórica, sua embalagem e rótulo.

Terá também sua feição prática a definir-se na sua história e, principalmente, no balanço entre benefícios e malefícios que fez.

Melhor é que a definição verbal e a definição da prática sejam ótimas.

Mas se uma das duas não puder ser a melhor, que seja a verbal.

Se o Centro Espírita João Cândido não teve a melhor embalagem e o melhor rótulo, certamente sua prática foi extremamente frutuosa em consolação, fé racionada e esperança na vida futura, num espaço muito carente desses valores.

Segunda-feira, 16 de junho de 1941

Nessa data ocorreu a primeira reunião do Centro Espírita João Cândido, e foi lavrada a primeira ata; as reuniões seriam as segundas, quartas e sextas.

O centro passou a funcionar na casa de Virgílio Quáglio, frequentado também pelos amigos da Caixa Beneficente.

Algum tempo depois, ergueu no quintal de sua casa uma construção, redonda, semelhante a um coreto; ali passaram a fazer as reuniões; na época, o centro era frequentado por umas dez pessoas.

— • —

Entre os frequentadores da primeira hora, dois merecem destaque: um foi Encio Gaitinha e outro Luiz Betcher, que, embora fosse adolescente ainda, já manifestava seus dons mediúnicos.

Os fortes laços que mantiveram com o ex-governador do Grão-Pará no século 18 se impuseram, aproximando-os de Virgílio[39].

Curiosamente, o adolescente não se interessou, conquanto sua ligação com Luiz Betcher, sua hora ainda não havia chegado.

Virgílio age

Vencendo as limitações da doença, o antigo governador Geral do Grão-Pará espalha as bênçãos da sua fé em Jesus, alicerçada no seu coração, que foi se purificando cada vez mais pelo sofrimento, e no seu vigor intelectual alimentado pelas ideias espíritas.

Do lado de lá da vida, o irmão, o antigo Marquês de Pombal, agora em situação excelente e determinado em ser escravo de Nosso Senhor Jesus Cristo, na figura do negro João Cândido o apoiava, não mais nas perecíveis conquistas materiais, mas na conquista da redenção espiritual.

Nesse momento cedemos o texto a testemunhos de espíritos, hoje desencarnados, que conviveram com Virgílio naquela época:

Testemunho da Sra. A.[40]

Que o bom Deus me inspire.

Minha história não difere de milhares que existem por aí, cheias de lutas e sacrifícios. Um caminho de lágrimas redentoras que me deram a chance de aprender a discernir entre o Bem e o Mal, provando minha fé na bondade do Criador.

---

[39] Na encarnação do século 18, Vírgilio era Mendonça Furtado, governador do Grão-Pará. Encio era D. Miguel, bispo do Pará, homem de confiança de Mendonça Furtado. Betcher era Gaspar, seu secretário particular. Para mais informações, consulte o livro *Buscando a Luz*. Neco também foi amigo do governador, mas numa posição mais distante. Esses laços se renovaram no plano espiritual.

[40] Mensagem recebida pela médium Zezé de Jesus.

Nasci rica, num lar desajustado.

Cresci pobre de recursos morais, largada pelo carinho familiar. Não havia tempo para choros e manhas infantis, porque meus pais estavam sempre embriagados de finos vinhos ou entorpecentes champanhes.

Os empregados me toleravam porque era a herdeira de tudo, mas estavam mais preocupados com seus infinitos afazeres do que terem que aturar a solidão da pirralha.

Sem conceitos de virtude inculcados em meu caráter, cresci como uma árvore torta, esbarrando meus galhos nos obstáculos e me desviando para não me ferir, sem realmente perceber quão deformada eu ia me tornando.

Ao atingir a maioridade comecei a me embriagar, seguindo os exemplos infelizes que recebia no lar.

Os desajustes da infância se complicaram na fase adulta.

Posso dizer que errei fragorosamente, não precisando detalhar os fracassos que se sucediam sem que eu soubesse como tomar outro caminho.

Quando os enganos se avolumaram, recebi a terrível notícia: eu me tornara leprosa. O corpo ia exteriorizar o que era o coração: cheio de úlceras, exsudato de minha falta de fé ou retidão de caráter.

Uma longa noite se abateu sobre minha tumultuosa existência. De nada valeram as blasfêmias; gritei revolta sem consolação, sem conseguir remover nem uma única ferida. Pelo contrário, a dor só fazia aumentar diante da incompreensão.

Eis então que mãos amigas me encaminharam a uma fonte de água fresca, balsamizante, que refletia em sua superfície cristalina o rosto luminoso de Jesus.

Um anjo chamado Sr. Virgílio Quáglio.

Ainda me emociono com aqueles encontros que a bondade Divina permitiu em minha vida.

Virgílio foi luz em meu caminho. Na hora da provação dolorosa, quando os quadros de sofrimento deveriam me tornar a mais desventurada das criaturas, aquele homem generoso e feliz, à sua maneira, foi a claridade que me encaminhou para a fé que sustenta os felizes e os desventurados, os pobres e os ricos, os doentes e os sadios.

Suas palavras de entendimento da doutrina do Cristo dulcificaram minha alma sofrida, e no momento mais cruel de minha existência, foram a maior alegria em meio a minha desventura.

A dor que bate à porta de nossa alma, quando bem compreendida , é o remédio salutar que nos põe à prova e nos corrige, tornando-nos dóceis aos ensinamentos de Jesus.

Quando o espírito escolhe percorrer caminhos tortuosos, tomando as mais enganosas decisões, a mão misericordiosa do Criador faz descer sobre ele a tempestade do sofrimento, despertando-o para as claridades espirituais.

Foi nesse estado de alma que me vi inundada de bênçãos, vivendo alegrias desconhecidas.

Sr. Virgílio foi a luz suave nos meus momentos de treva e solidão.

Pude me inspirar em seus exemplos de generosidade até que um dia, completamente modificada, ajoelhei-me perante minha consciência, agradecendo a Deus a prova assustadora.

Com ele, Sr. Virgílio, aprendi o significado das palavras humildade, perseverança, paciência.

Se hoje me encontro equilibrada, podendo me preparar para uma nova jornada terrestre, devo isso a ele, que me esclareceu e inspirou, deixando em meu coração a marca indelével de sua bondade.

A minha, é só mais uma das muitas histórias de sombra e luz, sustentada pelo braço abençoado do sofrimento atroz que nos ensina que a bondade de Deus não desampara nunca e que todos os que sofrem sempre encontrarão esses anjos luminosos que os amparam, e que esses só diferem de nós porque já aprenderam a amar e amparar, doando-se sem esperar recompensa.

Que o Bom Deus os Ilumine sempre.

Sementeiras de luz

No meio de suas dores, Virgílio compôs inúmeros poemas dedicados a Jesus, que depois seriam enfeixados no livreto "Sementeiras de Luz".

Emmanuel transmitiu por intermédio de Francisco Xavier a seguinte prece, com relação a Virgílio, que inclusive foi utilizada como prefácio numa edição comemorativa editada pelos seus filhos:

Senhor, eis aqui um coração inflamado de luz, cuja dor converteu-se em poema de Amor e Fé!

Abençoa-lhe a sublime inspiração com as flores de tua bênção e que estes versos, Senhor, como estrelas de ternura e serenidade, esperança e consolo, ajudem outras almas a transubstanciar o sofrimento num cântico redentor!...

Mestre da Cruz, que fizeste das próprias chagas divinas rosas de perdão e beleza, faze que as rosas nascidas dos espinhos que dilaceraram o irmão Virgílio, aqui se transformem para nós todos, em doce mensagem de luminosa ressurreição!...

E assim viveu em intenso trabalho. Redigindo poemas de notável beleza dedicados a Jesus, orientando irmãos de sofrimento, conduzindo outros no desenvolvimento mediúnico, criando e fortalecendo uma instituição espírita que mantivesse a distribuição de consolações e esperança. Naquele ambiente carente, passou Virgílio aqueles últimos anos de sua vida aqui na Terra.

Foram anos decisivos que desenvolveram o lado bom do antigo governador e que purificaram sua alma dos restos de orgulho.

LENDO JORNAIS

Sábado, 6 de setembro de 1941

Após o trabalho na prefeitura, que sendo sábado funcionava apenas pela manhã, Neco almoçou e foi até a biblioteca de Santo Ângelo; folheou alguns jornais, pois apesar do corte de verbas, permaneceram as assinaturas dos principais periódicos.

Contando apenas 15 anos, o adolescente se interessava bastante por história, gostava de ler e acompanhava os principais acontecimentos nacionais e internacionais.

Seus olhos passeavam pelas manchetes que tratavam principalmente da Guerra: "Os alemães apertaram o cerco de Leningrado"; "A Rússia dispõe de nove milhões de soldados contra o Reich", "Desencadeados pela RAF extensos ataques contra objetivos alemães na França"...

A seguir, o adolescente ia para os detalhes:

Os alemães invadiram a Rússia e estavam a menos de 18 quilômetros da capital, Moscou. Nos seus arredores foram destruídos entroncamentos ferroviários e aeroportos, muitas cidades russas estão incomunicáveis.

Só nessa semana os alemães anunciaram que fizeram mais de 30.000 prisioneiros entre o exército russo.

Ontem a Real Força Aérea inglesa atacou alvos alemães na França. Os bombardeiros do ataque foram escoltados por caças; da parte dos ingleses foram abatidos um bombardeiro e sete caças, já os alemães perderam 11 caças. Hoje está se desenrolando um novo ataque às posições alemãs no norte da França.

O adolescente não sabia por quê, tinha uma forte afeição pela França, e vê-la humilhada e invadida mexia com suas emoções; tinha também muita simpatia pela Inglaterra e Winston Churchil; o primeiro ministro inglês era um dos seus heróis.

O nazifascismo lhe produzia profunda aversão e o associava a intolerância, prepotência, preconceito, mentira e imoralidade.

Também havia notícias sobre o racionamento de trigo, saíra uma nova regulamentação de distribuição de farinha de trigo; dada as dificuldades de transporte em tempo de guerra, o trigo estava racionado; filas enormes formavam-se nas padarias para quem quisesse sentir o gosto de um pãozinho feito de trigo.

O Brasil ainda não havia entrado na guerra; Getúlio vacilava, numa neutralidade em que a simpatia do ditador ora pendia para eixo nazifascista, ora para o mundo livre dos aliados; porém, uma questão era cada vez mais viva na mente dos brasileiros: até quando o governo do Brasil conseguiria manter a neutralidade?

Essa atitude de Vargas irritava o adolescente de 15 anos, aumentando sua antipatia pelo ditador, pois para ele era uma humilhação nacional o governo do Brasil não se opor claramente ao nazifascismo.

— • —

Apesar da nuvem sombria da guerra, a vida seguia o seu caminho.

As lojas faziam propaganda de seus produtos, escolas de datilografia preparavam candidatos a serviços administrativos, pois esse era um conhecimento fundamental para quem quisesse ingressar ou subir no serviço público ou nas empresas privadas; moças e rapazes aprendiam a "escrever a máquina".

Essas pequenas notícias encantavam o jovem, pois trancafiado já há mais de seis anos no leprosário, o mundo exterior, que ele não vivenciava, aguçava muito a sua curiosidade.

Folheou rapidamente o jornal e deteve-se na página de esportes; o futebol era a paixão nacional: O Flamengo derrotou o Corinthians e remunerou seus jogadores com um "bicho" de R$ 300:000 (trezentos mil reis); dirigentes do São Paulo Futebol Clube, procuraram o interventor Fernando Costa, pedindo que o Governo do Estado de São Paulo doasse ao clube um terreno para construírem sua sede. O interventor prometeu atendê-los.

Procurou notícias sobre o "Santos Futebol Clube", time do qual era torcedor, mas o jornal não tinha notícias sobre o Santos, isso o desencantou.

Saiu da biblioteca.

Os convidados

Dirigiu-se ao campo de futebol com os demais internados; Santo Ângelo estava cheio de automóveis, para um evento importante.

Havia normas severas impedindo a visitação no hospital; a visita era reduzida aos domingos, entrar na zona enferma, para visitar um parente acamado, talvez em estado terminal, era difícil, e mesmo assim a permanência não poderia exceder 15 minutos.

O que teria liberado a entrada de tantos automóveis no hospital, contrariando a lei?

É que nesse dia seria feita uma homenagem ao Dr. Francisco Sales Gomes Junior, diretor do poderoso Departamento de Profilaxia da Lepra.

O homenageado e sua estratégia

Francisco Sales Gomes assumiu o Departamento de Profilaxia da Lepra em 1931, na esteira da revolução de 1930, liderada por Vargas.

Na posse fez a promessa de "extinguir a lepra no Estado de São Paulo em 20 anos".

A estratégia do médico Sales Gomes apoiava-se nos seguintes três pontos:

• **A lepra é uma doença incurável**, aliás boa parte dos médicos do departamento gostavam de expressar-se: – a lepra é uma moléstia infectocontagiosa "incurável" – e acentuavam a solenidade da afirmação alongando o som da palavra "incuráaaaavel".

• **O contágio é evitado através do isolamento compulsório ou voluntário de todos os doentes**; assim o grande esforço não era no sentido de curar a doença, e sim internar os doentes tornando-os incomunicáveis, para que não transmitissem a doença. Essa internação era conseguida tornando atraentes os Asylos por meio de oportunidades de trabalho e lazer, e também montando uma estrutura de feição policial para localizar e internar compulsoriamente aqueles que não viessem voluntariamente. Não bastava internar, o esquema policial deveria também garantir que não houvesse fugas.

• **Sem doentes não há doença**: com o passar dos anos, os doentes iriam morrendo e, sem novos casos, a moléstia se extinguiria.

A "*permanência dos mesmos índices da endemia leprosa*[41]", apesar do isolamento, certificava a ineficiência da estratégia de Sales Gomes.

Sales Gomes fez o bem

Conquanto sua curiosa estratégia para eliminação da hanseníase no Estado de São Paulo, baseada na eliminação dos doentes, outras realizações suas foram benéficas:

---

[41] Conforme Souza Lima no livro *Estado Atual da Terapêutica da Lepra*.

• **A Criação da Caixa Beneficente** ordenou e dinamizou a arrecadação de donativos para os leprosários, permitindo a construção e a manutenção de vários equipamentos, beneficiando os internados; um segundo efeito dessa iniciativa foi minimizar os gastos públicos com as instituições.

• **A instituição da Laborterapia** que permitiu que os internos trabalhassem, aliviando os problemas financeiros e eliminando um ócio, particularmente tedioso e corrosivo na sua estrutura psicológica. Uma sombra nessa iniciativa foi a remuneração muito baixa dos internados: cerca de um quarto do que o Estado pagava, fora da instituição, para o mesmo trabalho.

PALAVRAS VÃS

Houve vários discursos louvando o médico que completava dez anos à frente dessa importante e bem-sucedida campanha.

Lembrou-se do período em 1938 quando se afastou da diretoria do Departamento para assumir o importante cargo de "Secretário da Saúde do Estado de São Paulo".

No evento foi descerrado um busto de Sales Gomes, imortalizando a sua lembrança, esculpido pelo mesmo interno escultor, Iolando, que havia feito a escultura da piscina.

A propósito, um dos oradores, funcionário da Caixa Beneficente, fez uma previsão:

— Daqui a 200 anos, quando por aqui passarem peregrinos e virem essa estátua sobre esse marco, o que perguntarão eles: de quem será essa estátua? E responderão: deverá ter sido de um homem importante...

O adolescente de 15 anos ouvia aquilo tudo e sua mente, embora ainda perto da infância, se povoava de pensamentos estranhos:

Lembrava do pão de fubá que o hospital passara a fornecer em virtude da escassez da farinha de trigo motivada pela guerra e, infelizmente, tão duro que a faca "escorregava" e não se conseguia cortá-lo; recordava os corredores dos pavilhões cheios de doentes, que já não cabiam nas enfermarias, e continuavam chegando; rememorava as mortes que montavam a quatro ou cinco por dia e assistia àquelas homenagens, como muitos dos outros pacientes, com descrença, temperada com uma pitada de revolta.

— • —

A previsão do orador, face ao busto de Sales Gomes, não se realizaria: quatro anos depois, em 1945, numa revolta dos internos em virtude das condições péssimas em que viviam, foi laçado o busto, jogado no chão e despedaçado.

— • —

Revelação luminosa
Que verte dos altos cimos
Tão somente comandamos
Quando servimos.[42]

[42] Chiquito de Morais – *Chão de Fores* – Chico Xavier – IDEAL.

Enquanto o adolescente reflete, políticos e médicos discursam louvores ao médico Sales Gomes, jogadores e torcedores lamentam a ausência do tradicional jogo de futebol no sábado à tarde. Desloquemos agora nossas observações para outro local, onde acontecimentos muito importantes seriam vitais para a encarnação de Neco.

Há 7.500 quilômetros de Santo Ângelo, nos Estados Unidos, no estado da Louisiana, corria o rio Mississípi tranquilo e largo, já próximo da sua foz.

Barcaças subiam e desciam o rio levando a produção do maior país agrícola do mundo.

Com um pouco de paciência o viajante poderia inclusive ver aqueles belos navios de passageiros, com suas rodas de pás enormes, que inúmeros filmes fixaram por décadas na imaginação do mundo todo.

Mas o ponto que irá influir nos destinos do adolescente não está no rio, que ele já viu nos filmes passados em Santo Ângelo, o ponto está na margem direita, a poucos quilômetros de Nova Orleans.

Referimo-nos ao Hospital 66 da Marinha dos Estados Unidos, situado no vilarejo de Carville. O hospital é administrado pelo "Serviço de Saúde Pública dos Estados Unidos", e nele funciona o "Leprosário Nacional".

Percorrendo as dependências do hospital, naquele sábado à tarde, obedecendo a diferença de fuso horário de três horas a menos face ao Brasil, encontramos um laboratório.

Nele está a freira, Irmã Hilary Ross, e dois médicos do hospital: Dr. Guy Faget, diretor do hospital, e o Dr. Johansen, clínico; alguns internos trabalham como auxiliares de laboratório.

Porém, há uma estranha energia no ar; abrindo os olhos espirituais, vemos elevadas entidades espirituais acompanhando o trabalho, inclusive Hansen, o descobridor do bacilo que produz a doença; por vezes se ligam à Irmã Hilary, por outras vezes ao Dr. Faget, ou ao Dr. Johansen.

Irmã Hilary Ross

A irmã Hilary Ross[43], farmacêutica, após o seu ingresso em Carville em 1922, fez diversos cursos relacionados a sua especialidade, sendo muito auxiliada na sua formação intelectual; é de se notar, por exemplo, que um patologista de Baton Rouge, situado a pouco mais de 25 quilômetros de Carville, por estrada de terra, fizesse essa viagem uma vez por semana apenas para dar-lhe aulas de patologia.

Dada a sua intensa curiosidade científica, preparou doentes do hospital para que fizessem as tarefas rotineiras do laboratório, ficando assim mais livre para suas pesquisas.

Em 1928, conseguiu uma reforma do laboratório enriquecendo-o com modernos equipamentos para a época.

Apesar do seu refinado espírito científico, tratava os pacientes com muito amor, a se expressar em compaixão, compreensão, paciência e brandura; tinha o hábito de tomar pelo braço as pessoas com quem conversava; embora fosse enérgica e entusiasta, sua voz era "aveludada" e terna.

Irmã Hilary Ross
Um dos cientistas responsáveis pela descoberta da cura da lepra.

[43] Para saber mais sobre Hilary Ross veja o capítulo "Uma palestra" do romance *Buscando a Luz*.

Não se esquivava em expor em termos leigos os exames que fazia, procurando, porém, sempre elevar o moral dos doentes; era comum os internados irem até o laboratório buscar suas palavras amigas e plenas de esperança, levantando-lhes o moral.

Naquele setembro de 1941, aproximando-se dos 50 anos, Irmã Hilary já havia publicado uma dezena de trabalhos científicos relacionados a leprologia, na qual possuía uma experiência de 20 anos, derivada de sua longa residência em Carville.

Era um espírito bastante adiantado intelectual e moralmente.

Guy Faget

Guy Faget, cinquentão, casado, pai de quatro filhos, já grisalho, com seu bigode bem aparado, bonachão; quem o visse imaginaria logo que se tratava de um típico médico de família, de algum vilarejo dos Estados Unidos, conhecendo todos os detalhes da vida de seus clientes.

No entanto, Guy Faget era um médico de carreira, com duas décadas dedicadas ao Serviço Público de Saúde dos Estados Unidos, diretor geral a partir de 1940 do Hospital 66 da Marinha Americana, onde funcionava o Leprosário Nacional.

Via a medicina de forma integral, e dada sua experiência com tuberculose, considerava fundamentais para a cura as boas condições do doente: dormir e alimentar-se de forma saudável e exercer atividades físicas adequadas; entendia ainda ser imprescindível no processo terapêutico um clima de confiança entre paciente e médico.

Não era amigo de regras duras e inflexíveis, como alguns de seus antecessores.

Tendo um perfil mais orientado para a ciência do que para a administração, procurou logo após assumir o hospital, trabalhar na busca da cura efetiva dos doentes.

Como médico, recusava-se a aceitar passivamente a "mentira piedosa da chalmugra".

Frederick Andrew Johansen

Cinquentão como Faget, ingressara em Carville como seu diretor clínico em 1924, tendo na época, portanto, 17 anos de experiência em Carville e em Leprologia.

Tendo mentalidade científica, havia já produzido vários trabalhos sobre leprologia, que foram publicados nos jornais especializados da época.

Em Carville era chamado pelo apelido de "Dr. Jo".

Era mais liberal que Faget, tinha especial aversão pelas cercas de arame farpado e por tudo que tornava o Hospital 66 parecido com uma prisão.

Faget e Sharp

Logo que assumiu o cargo de diretor do hospital, Faget, partindo do princípio da semelhança entre os bacilos de Hansen e da tuberculose, escreveu para Dr. Sharp, Diretor de Investigação Clínica da Parke-Davis Company, uma das maiores indústrias farmacêuticas dos Estados Unidos, solicitando informações sobre drogas contra a tuberculose.

Dr. Sharp o informou do sucesso de Feldman, um veterinário, com o uso de Promin, uma sulfona, na cura de cobaias, infestadas com tuberculose; alertou quanto à toxidade do Promin. Citou ainda outras pesquisas feitas com Promin no combate à tuberculose em seres humanos, pela Clínica Mayo, instituição de medicina de ponta dos Estados Unidos, e com ratos que tiveram as patas contaminadas pelo bacilo de Hansen.

É de se notar que o Promin não matava as bactérias, porém paralisava sua ação, permitindo que o sistema imunológico do paciente se fortalecesse e as eliminasse.

Faget e Sharp passaram a manter correspondência frequente.

O EXPERIMENTO

Dr. Faget decidiu efetuar uma experiência com o Promin.

Montou a sua pequena equipe constituída de dois médicos: ele mesmo e Johansen;

A "técnica em medicina" Hilary ficou responsável pelos exames de urina e sangue detalhados que deveriam ser feitos "dia sim, dia não", ou diários quando fosse necessário, além de auxiliar na determinação da posologia. Sendo uma apaixonada pela fotografia, também assumiu a tarefa de fotografar todo o experimento, tanto os pacientes, detalhando lesões e evolução clínica, como também as imagens obtidas nos exames microscópicos.

Como auxiliares participaram os internos da enfermagem e aqueles que atendiam no laboratório treinados por Hilary.

Sharp encarregou-se de fornecer o Promim para a experiência.

Divulgado o projeto, foram selecionados nove voluntários.

O início do experimento foi marcado para o dia 9 de março de 1941.

O trabalho foi árduo; a pequena equipe trabalhou dia e noite, sobre grande pressão, por meses seguidos.

Nos dias de hoje, dispondo de computadores, farta informação por meio da internet, equipamentos de análise automatizados, técnicas de diagnóstico por imagem, como ultrassonografia, tomografia, ressonância magnética e tantos outros recursos, nos é difícil avaliar a qualidade e o esforço daquela pequena equipe na solução de um problema tão complexo quanto a cura da hanseníase.

Apenas dois pacientes ficaram sem manifestações tóxicas durante as primeiras seis semanas, os outros sete tiveram febres altas variando de 39 a 41, hepatite tóxica, dermatite e nevrite; esses pacientes foram tratados desses efeitos colaterais.

Um deles foi criticamente ruim: no sexto dia, notou-se a icterícia; perceberam que ele estava desenvolvendo a hepatite tóxica, o fígado e o baço incharam bastante; o Promin foi descontinuado; a icterícia se manifestou plenamente e, três dias depois, o paciente entrou em delírio, a superfície do corpo tornou-se fria e viscosa.

Faget, Joanhsen e Hilary secundados pelos internos dedicaram-se ao máximo para salvar o paciente, exames laboratoriais, clínicos, diagnósticos rápidos e tratamentos adequados testemunharam a alta qualidade da equipe; quinze dias depois a icterícia cedia e um mês depois o paciente ganhava 10 Kg de peso. Ele foi mantido no programa.

Porém, passados dois meses, dos nove iniciais, três tiveram de ser descontinuados, sobrando apenas seis.

Ampliando a experiência

O componente fundamental do guerreiro é a coragem na luta; não se atemorizar face às dificuldades que surjam ou o esforço exigido. Faget e seus companheiros tomaram a decisão de acrescentar mais voluntários ao experimento, elevando seu número a vinte.

As doses foram diminuídas para minorar os efeitos colaterais; e o experimento prosseguiu por mais 90 dias, ocorrendo igualmente nessa fase alguns casos críticos.

Conclusão

Houve apenas um óbito durante o experimento, mas não teve relação com o tratamento, a paciente sofria de câncer no ovário e morreu disso.

In commemoration of the Bicentennial of the United States, PUBLIC HEALTH REPORTS is reprinting in each issue an article of historic significance to public health.

PUBLIC HEALTH REPORTS

VOL. 57 DECEMBER 11, 1942 No. 50

Sulfanilamide in the Treatment of Leprosy[1]

By

G. H. Faget, *Surgeon*, and F. A. Johansen, *Surgeon (R), United States Public Health Service*, and Sister Hilary Ross, *B. S., Medical Technician, United States Marine Hospital (National Leprosarium), Carville, Louisiana*

The introduction of sulfanilamide as a potent chemotherapeutic agent for combating certain types of invasive bacterial diseases and the striking results obtained from its use have led to a widespread trial of the drug. Bacteriological experiments by Long and Bliss *(2)* tend to prove that sulfanilamide does not in itself kill the microorganisms but exerts a bacteriostatic effect which aids the normal defenses of the body in overcoming infection. The administration of sulfanilamide and related compounds has been associated with definite although not necessarily unavoidable or serious hazards. In a recent article, Long and his associates *(3)* analyzed the toxic manifestations which occurred during the course of treatment with this drug in one thousand cases at the Johns Hopkins Hospital. The most common toxic effects were headache, dizziness, nausea, vomiting, cyanosis, drug fever, and drug rashes. The most serious toxic manifestations, however, were those associated with the blood or hemopoietic system and the liver (hepatitis).

Impressed by the action of sulfanilamide on other diseases, the writers decided upon its experimental administration to combat secondary infection in

[1]Published with the permission of the Surgeon General, United States Public Health Service.

Relatório de Faget sobre seu experimento
Relatório de Faget, publicado pelo Serviço de Saúde Pública dos Estados Unidos em dezembro de 1942 (*reprint* feito na comemoração do bicentenário da revolução americana).

Faget sempre foi cauteloso nas suas conclusões, porém concluiu: 30% melhoraram de suas lesões lepromatosas e muitos tiveram indícios de melhoria no sistema imunológico, o que era alentador.

O três denodados cientistas haviam "cortado os braços" do Bacilo da Lepra; o monstro ainda estava lá, mas sua ação estava muito reduzida.

Os experimentos prosseguiriam, solucionando questões importantes como posologia correta, métodos para avaliar e controlar efeitos colaterais, etc.

A imprensa especializada não deu destaque às conclusões de Faget; porém, os internos do hospital publicavam heroicamente um jornal bimestral *The Star*, enviado a outros leprosários, inclusive no exterior, noticiando os avanços na cura da lepra.

— • —

A partir daquele mês de setembro de 1941, Dr. Faget, Irmã Hilary e Dr. Jo, tendo como auxiliares hansenianos, mudaram o rumo da leprologia, jogando por terra suas teorias.

Sessenta anos após a identificação do Bacilo por Hansen, a ciência conseguia indícios cabais da possibilidade de cura da lepra.

Na verdade foi uma verdadeira corrida de revesamento, com o bastão sendo passado de mão em mão por valorosos médicos e cientistas. Faget, Hilary e Johansen tiveram a honra de cruzar a linha de chegada.

Haveria ainda muito trabalho pela frente, mas o princípio de que a lepra era uma doença incurável, como acreditava o médico Sales Gomes, estava cientificamente revogado. Há 7.500 quilômetros de Santo Ângelo, aquela pequena equipe achara o caminho para a cura do adolescente e de outros milhões de doentes pelo mundo.

Mensagem de Natal

No Natal de 1941, Faget publicava no corajoso *The Star*, jornal editado pelos internos:

"Esta é a era moderna, a Era da Luz. Vamos ter a verdade. A lepra não é uma doença suja. A lepra não é devida a nenhum pecado cometido por aqueles que a contraem. Não é uma retaliação de Deus contra suas vítimas. A lepra é uma doença infecciosa como a tuberculose, a febre tifoide e a pneumonia são doenças infecciosas. Não é mais vergonhoso ser infectado com os germes da lepra do que com aqueles da tuberculose, tifoide ou pneumonia. Então, por que discriminar contra uma dessas doenças? A ignorância é a resposta.

Portanto vamos todos cooperar e nos posicionar unidos, funcionários e pacientes. Juntos teremos sucesso, divididos cairemos. Sim, o dia chegará quando o medo da lepra também passará, assim como foi com a febre amarela, cólera e tuberculose. Vamos ter coragem. Estamos avançando para a frente e para o alto, para fora do vale das trevas, sobre as montanhas da dificuldade em direção as planícies iluminadas do amanhã."

— • —

Progresso vem a quem ousa,
Embora a grande custo.
Desaprender muita cousa
Para aprender o que é justo.[44]

DUAS IMPORTANTES PERSONAGENS

Naquele mesmo setembro de 1941, a providência divina preparava dois espíritos para desempenharem um papel decisivo na cura da hanseníase no Brasil:

No campo científico, cuidavam com grande carinho de Lauro de Sousa Lima, "o cavaleiro do bem", dedicado diretor do Sanatório Padre Bento.

— • —

No campo político, o alvo era Conceição.

Depois dos acontecimentos, com Conceição narrados no capítulo um "Um aniversário no Rio de Janeiro", Conceição prosseguiu com sua vida artística.

Por volta de 1940, casou-se pela segunda vez com um médico paulista, Mateus Santa Maria, diretor da Santa Casa de Misericórdia, muitos anos mais velho e mais pobre que ela.

Dessa feita, já na casa dos 30 anos buscava estabilidade, uma família, filhos, pois apesar das quatro gestações, nenhum havia sobrevivido.

Anos depois descobriria dois fatos que o marido havia ocultado: ele era estéril e dispunha de muito pouco tempo para dedicar-se à família, dada a medicina ser o seu maior interesse.

Passou a residir em São Paulo, numa casa confortável no bairro do Pacaembu. Manteve sua ligação com a Cruz Vermelha Brasileira atuando como diretora da filial de São Paulo, sem remuneração.

---

[44] José Albano – *Paz e Alegria* – Chico Xavier – GEEM.

Profissionalmente passou a trabalhar na rádio América, mantendo um programa de variedades.

Os benfeitores espirituais viam com grande esperança a responsabilidade que Conceição sentia face aos doentes, notadamente os desvalidos.

Conquanto a sua vida sentimental tumultuada, seus gestos por vezes espalhafatosos, seu linguajar eivado de palavras duras e debochadas, o compromisso com Jesus, de amar os doentes, vicejava saudável e o seu verdor era uma bandeira de esperança tremulando em meio a um deserto rochoso.

— • —

Daí a quatro anos, os Conceição e Souza Lima assumiriam as posições de comando nas suas esferas respectivas.

Observando a "Divina Providência"

Embora Neco nada disso soubesse, na ingenuidade dos seus 15 anos, a providência divina o cercava de inúmeros cuidados, utilizando a boa vontade e a inteligência daqueles que concordaram em assumir a tarefa de serem mensageiros da misericórdia divina junto aos seus irmãos em humanidade.

E isso aconteceria em todas as épocas da vida do Neco, como acontece com todos os seres humanos. A infinita bondade de Deus, a expressar-se na sua divina providência, trabalha incessantemente pelo nosso progresso e felicidade, utilizando as suas criaturas no aperfeiçoamento das suas mesmas criaturas, conquanto de forma anônima.

Essas pessoas possuíam rótulos religiosos? Não importa, praticavam o bem, testemunhavam seu amor à humanidade, eram consequentemente sacerdotes da religião do amor ao próximo e servidores do Cristo.

Sim, servidores de Jesus, pois Jesus é o governador espiritual da Terra, e de sua mente e de seu coração maravilhoso promanam todas as diretrizes que regem nosso planeta.

Pobres homens da Terra que creem Jesus conduzir apenas esse ou aquele grupo de crentes por alguns séculos apenas.

Não! Jesus governa todo o planeta, e seu governo se perde na origem remota da Terra.

É empolgante imaginarmos, mesmo com nossas mentes estreitas, a distribuição da misericórdia engenhada por Jesus. Que emoção intensa, que sentimento de realização, não sentiram todos aqueles na Terra ou no plano espiritual, por terem participado dessa vitória com seu ponto focal em Carville, com Faget e seus colaboradores.

Que alegria sentiram também aqueles que seriam curados!

Assim a providência beneficia benfeitores e beneficiados.

Nos problemas mais difíceis que atravessemos, não percamos de vista a providência divina; ela conhece as nossas dores; as engrenagens imensas desse mecanismo estão trabalhando para solucioná-los com perfeição e na hora certa, pois se a doença é instrumento necessário à nossa educação e purificação, a saúde física, mental, moral, espiritual é o nosso destino.

—•—

Além de toda tristeza

Temos nós, constante e clara

Esta sublime certeza:

Deus nunca nos desampara.[45]

---

[45] Marques da Cruz – *Trovadores do Além* – Chico Xavier – FEB.

A LUZ DO SENHOR

A Luz do Senhor
Brilhou nas margens
Do rio Mississípi.

Seis mil anos de dor,
Seis mil anos de medo,
Seis mil anos de repulsa,
Chegaram ao fim,
Pois a Luz do Senhor
Abençoou o trabalho
Dos médicos
Do Hospital 66.

Os escolhidos do Senhor,
Estavam nas mais diversas nações:

Pensando, experimentando, observando,
Documentando.

E novamente:
Pensando, experimentando, observando,
Documentando.

E novamente:
Pensando, experimentando, observando,
Documentando.

...

Ano após ano,
Sob o amparo do Senhor.

Os velhos médicos morreram,
Os jovem médicos,
Retomaram sua ciência,
Sob o amparo do Senhor.

Pensando, experimentando, observando,
Documentando.

E novamente:
Pensando, experimentando, observando,
Documentando.

E novamente:
Pensando, experimentando, observando,
Documentando.

...

Ano após ano,
Sob o amparo do Senhor.

As gotinhas de suor
Das frontes cansadas,
As gotinhas das lágrimas
Das renúncias ocultas,
Transformaram-se
Em gotinhas de saber,
Em gotinhas de amor,
Sob o amparo do Senhor.

As gotinhas pacientemente mineradas
Nos diversos cantos do mundo
Atravessaram continentes e oceanos,
Trópicos e equador,
E uniram-se num grande rio de ciência,
Documentado e invisível,
De respostas e indagações,
De teses e hipóteses,
De afirmativas e intuições,
Sob o amparo do Senhor.

O rio da ciência irrigou
As mentes dos médicos
Do Hospital 66
Sob o amparo do Senhor.
A Luz do Senhor
Fez brotar o terceiro rio
Nas margens do Mississípi:
O rio da alegria e do amor.
Suas águas de misericórdia
Vão percorrer toda a terra,
Vão cortar o arame farpado.
Vão derrubar as cercas,
Vão dispensar os guardas,

O marido voltará para o lar,
A mãe voltará para os filhos.

A caravana dos andrajosos,
A caravana dos repudiados,
A caravana dos temidos,
Será dispersada,
Abandonará as estradas.

Meus filhos
Não conhecerão
A caravana da miséria,
Pois a Luz do Senhor
Resplandeceu nas mentes
Dos médicos
Do Hospital 66.

Há acontecimentos decisivos na nossa vida, mas que passam despercebidos no tempo em que acontecem e, apenas décadas depois, vamos aquilatar o quanto foram determinantes na nossa vida.

— • —

"TODO MUNDO É CATÓLICO"

Os pais de Neco e toda a sua família eram católicos; assim Neco "nasceu" católico, e o catolicismo para ele era uma coisa natural, resumido na expressão: "todo mundo é católico".

Santo Ângelo pertenceu à Santa Casa de Misericórdia, uma instituição que, além de ser filantrópica e médica, era igualmente religiosa e católica.

O hospital já foi projetado com um imponente templo católico próximo a sua entrada; as freiras que administraram o hospital até 1934 obrigavam os pacientes a frequentarem os rituais católicos: missa diária as 6h30, terço às 18 horas e oração da noite às 19 horas. Os pacientes, pessoas pacatas, obedeciam a essas normas de bom grado.

Igreja de Santo Ângelo
Templo Católico de Santo Ângelo dedicado à Nossa Senhora das Dores.

Foto: Alessandro Amaral

Em 1934, a Santa Casa de Misericórdia passou a administração do hospital para o governo estadual, porém a feição profundamente católica de Santo Ângelo permaneceria por muitos anos.

Uma prova do poder do catolicismo no hospital foi a ausência de qualquer outro movimento religioso no hospital até 1940.

Quando Neco foi internado, em 1935, continuou valendo a expressão "em Santo Ângelo todo mundo é católico".

O adolescente, como muitos, era católico simplesmente para agradar os pais. Assistia regularmente às missas, assumia as crenças católicas, porém tudo muito superficial, sem convicções profundas e íntimas; "como todo mundo".

Clemente

Terça-feira, 12 de agosto de 1941

Manhã fria, 9 horas.

O adolescente trabalhava na prefeitura de Santo Ângelo sob as ordens de Seu Benedito; faz de tudo um pouco, escritura e arquiva papéis, serve de mensageiro.

Entra um moço de boa aparência de aproximadamente 20 anos. Não tem nenhum sinal exterior de hanseníase.

O adolescente pergunta:

— O que o senhor deseja?

— Eu fui internado hoje e me mandaram aqui fazer a ficha...

Naquele tempo, após cumprir os procedimentos da internação, o paciente era encaminhado para a prefeitura, para se encaixar nos trabalhos do hospital, que era quase todo realizado por internos.

Neco pegou o formulário e começou a preencher:

— Nome?

— Clemente de Oliveira.

— Estado civil?

— Solteiro.

— Idade?

— 21 anos.

— Joga futebol?

— Sim.

— Posição?

— Lateral esquerdo.

— Trabalha em alguma profissão?

— Sou latoeiro, conserto e fabrico coisas de folha de flandres, que o povo chama de lata.

Naquele tempo era comum valer-se de latas usadas para transformá-las em utensílios de cozinha, como canecas e panelas.

Nesse momento, Seu Benedito, que observava a cena interveio:

— Você quer trabalhar?

— Sim, eu quero.

A seguir, Benedito voltou-se para o adolescente:

— Manezinho, escreva aí que o Clemente vai trabalhar na oficina; leve o moço até o pavilhão das mulheres e fale com a irmã.

A irmã, a quem o Seu Benedito se referia, era uma freira internada que havia assumido a chefia da sala de costura.

O adolescente levou Clemente até o pavilhão das mulheres, falou com a irmã:

— Seu Benedito pediu para fazer dois macacões para esse moço, Clemente.

A irmã determinou que uma costureira tirasse as medidas de Clemente e fizesse os macacões.

Oficina de costura de Santo Ângelo

A seguir, levou Clemente até a oficina, apresentou-o ao chefe e voltou para o seu trabalho na prefeitura.

Não teve mais contato com o Clemente.

O ORADOR

Havia um passadiço interligando todos os edifícios do hospital; tinha cerca de 1,5m de largura, telhado e um piso atijolado sem paredes; o passadiço permitia que se percorresse todos os prédios do hospital sem tomar chuva ou sol.

Transcorridas algumas semanas, Neco indo à noite após o jantar, pelo passadiço, logo após o refeitório, encontrou Clemente, em pé, lendo um livro, com uma voz pausada e agradável; em bancos próximos, uma dezena de pessoas sentadas o ouvia.

O adolescente sentou-se também para ouvir, e logo compreendeu que Clemente lia a Bíblia.

Após a leitura, Clemente foi expondo com sua voz calma introduzindo as pessoas lentamente ao tema da noite; depois foi se tornando sucessivamente mais veemente, atingindo um clímax que produziu grande admiração em Neco e nos demais ouvintes.

O que surpreendeu mais o adolescente foi a diferença entre o Clemente latoeiro e Clemente orador; pois na vida comum Clemente falava aos solavancos, quase gaguejando, tímido. Com a Bíblia nas mãos ele se transformava completamente.

Neco, ao longo do tempo, assistiu muitas vezes às prédicas de Clemente no passadiço, que aconteciam alguns dias da semana das 19 às 21 horas.

Em 1941, com Clemente começou a organizar-se o movimento evangélico em Santo Ângelo, bem como o espírita com a fundação do Centro Espírita João Cândido, que funcionava na residência de Virgílio Quáglio.

Quem lança a boa palavra
De amor e consolação,
Espalha por toda a Terra
Os dons do Divino Pão.[46]

A LIBERDADE RELIGIOSA

Embora os sermões de Clemente fossem interessantes, sua oratória cativante e envolvente, o adolescente não se sentiu atraído pelo movimento evangélico.

O que o sensibilizou e o marcou pelo resto da vida foi descobrir, por meio do Clemente, a liberdade religiosa.

"Quase todo mundo era católico", mas ele poderia ter a crença que quisesse, continuaria se dizendo católico, porém descobrira que dentro dele, no mundo privativo de seus pensamentos, ele era livre para pensar, analisar e acreditar.

---

[46] Meimei – *Pai Nosso* – Chico Xavier – FEB.

O catolicismo, os evangélicos, não eram senhores da verdade absoluta, eram maneiras de pensar, maneiras de crer, entre outras infindáveis maneiras de pensar em Deus e de afirmar a fé.

Com Clemente aprendeu a ouvir o que os outros têm a dizer, a sensibilizar-se com o que os outros sentem; porém, só poderia pensar com sua própria cabeça e sentir com seu próprio coração.

— • —

Muita vez, associa-se a liberdade religiosa a cumprimento de dispositivos legais que garantam a liberdade de culto, que impeçam o preconceito religioso.

Porém, embora esses dispositivos sejam importantes, não nos esqueçamos: tratam apenas de coisas exteriores.

No âmago do sentimento religioso está a espontaneidade, uma sinceridade profunda consigo mesmo.

Se eu professo uma crença porque:

• "fui educado assim";

• não quero contrariar meus pais ou minha esposa;

• acho essa ou aquela crença de bom tom;

• os seus sacerdotes são sérios ou bem intencionados;

• alguém a quem respeito profundamente afirma que Deus deve ser cultuado dessa forma;

• na verdade não creio, finjo; minto para os outros, para eu mesmo e para Deus.

A fé verdadeira lança suas raízes no mais profundo do nosso sentimento, fortalece-se nas razões mais íntimas que movem nossas ações; consequentemente, cada pessoa terá a sua maneira própria de crer.

Por vezes, pais bem intencionados, convictos do valor de suas crenças, tentam impô-las aos filhos, de forma aberta e agressiva, ou sutil e oculta, voluntária ou inconscientemente.

É boa a intenção, porém negativo o resultado.

Respeitemos o direito de cada um ser ele mesmo, assim como Deus nos deixa livres e nos estimula a sermos nós mesmos, construindo os nossos valores e a nossa personalidade.

— • —

Duas forças nos governam
Em qualquer campo e doutrina
A primeira é a liberdade
A segunda é a disciplina.[47]

[47] Cornélio Pires – *Toques da Vida* – Chico Xavier – IDEAL.

ALIMENTAÇÃO, HIGIENE, ATIVIDADE FÍSICA

Na primeira metade da década de 1940, conjugaram-se em Santo Ângelo vários fatores que promoveram acentuada decadência da instituição:

• Falta de direção, pois José Gomes, diretor do hospital, era homem sem iniciativa;

• A ditadura Vargas com sua mordaça e seu viés nazista;

• A guerra com suas restrições econômicas e de visibilidade;

• O equívoco da política de isolamento, capturando indiscriminadamente enfermos e mesmo alguns sãos, levando à superlotação do hospital, atingindo a mais de 2.000 internados.

Santo Ângelo superlotou, pois não foram construídos novos pavilhões.

No Pavilhão Santista, onde o adolescente estava internado, foram postas 16 camas ao lado de cada enfermaria e oito na saleta de espera, como eram cinco enfermarias, foram abrigados mais 180 doentes.

As camas foram trocadas por outras mais estreitas, para que coubessem mais doentes, e ficaram tão perto uma das outras, que para se passar entre elas, doentes eventualmente sentados em suas camas precisavam levantar os pés.

A higiene também foi esquecida; as roupas de cama passaram a ser trocadas a cada três meses, transformando-se em trapos imundos; a falta de cobertores levou internos fragilizados pela doença a morrerem de frio.

Para os internados pobres que residiam nos pavilhões e dependentes do alimento fornecido pelo hospital, a comida, que era ruim, ficou péssima.

Era comum o feijão vir com carunchos sobrenadando o caldo, e serem visíveis os vermes na carne raramente servida; o café foi cortado.

Refeitório geral de Santo Ângelo

O espetáculo de toda a manhã com os internos todos uniformizados, fazendo atividade física, não mais aconteceu; a ginástica e os uniformes foram abolidos.

O único remédio usado na época em Santo Ângelo eram os derivados do óleo de chalmoogra, absolutamente ineficiente no tratamento da doença como ficou demonstrado mais tarde, trazendo efeitos colaterais, enfraquecendo ainda mais os internados.

— • —

A primeira coisa que o adolescente fazia ao chegar ao trabalho pela manhã era folhear os prontuários dos doentes falecidos no dia anterior, para ver se havia algum conhecido.

Os atestados de óbito declaravam como "causa mortis" quase que invariavelmente "caquexia leprótica", ou seja, extrema fraqueza derivada da lepra.

Porém a fraqueza era devida, principalmente, à desnutrição, pois a lepra como toda infecção diminui o apetite, e a comida péssima dificultava ainda mais a nutrição dos internos pobres, usuários do refeitório geral, que atendia metade dos doentes.

— • —

É de se notar o caso de José Linhares, um paciente inteligente, porém depois de internado enlouqueceu; o quadro anotado mais tarde era estarrecedor:

"Sobre uma cama velha e imunda, o colchão esfarrapado, podre e sujo de excrementos de toda espécie, achava-se José Linhares, que se encontrava completamente nu. As grades dessa cela e o chão, por toda parte, estavam manchados de sangue e de detritos do doente. O mau cheiro era horroroso..."[48]

Aqueles que ousavam reclamar eram transferidos para o hospital psiquiátrico de Pirapitingui, rotulados de doentes mentais.

E mesmo os que tinham dinheiro, e não passavam por essas necessidades, sofriam ao se verem rodeados por tantas dores e humilhações.

Santo Ângelo tornou-se semelhante a um campo de concentração nazista.

— • —

Desgostos, chagas e angústias,

martírio, rude e violento,

São rebolos invisíveis

De santo aprimoramento.[49]

Resignação

E em virtude de todos essas dores físicas e morais houveram suicídios, não só em Santo Ângelo, mas em todos os hospitais; porém, face aos sofrimentos foram poucos, talvez algo como 50, um número muito baixo para um hospital que chegou a ter cerca de 2.000 internos.

A grande maioria conseguiu resignar-se, graças à proteção do alto que dá mais apoio nessas provas extremas; mesmo os sem religião diziam "Deus quer", eram poucos os que blasfemavam e revoltavam-se.

---

[48] Conforme relatório constante na Assembleia Legislativa, feito anos depois das visitas de Conceição.

[49] Casimiro Cunha – *Gotas de Luz* – Chico Xavier – FEB.

Além da proteção do alto, o trabalho e o lazer foram uma bênção na garantia de um mínimo de equilíbrio psicológico para os internos.

As provas eram diferentes para cada um; havia aqueles com menos débitos, após internados a doença evoluía rapidamente e logo desencarnavam, ou seja, uma provação breve; outros sofriam anos e anos.

Alda chega

Nesse clima, em 1941 chegou ao leprosário Aldinha, a irmã caçula de Neco, com apenas 11 anos.

Nesse momento, dos sete filhos de Maria Custódio e Luiz, quatro estavam internados em Santo Ângelo; duro sofrimento para uma mãe amorosa.

A partida de Zeca

Para a alta, como já informamos, eram necessários 12 exames mensais e consecutivos com resultado negativo.

Em 1941, Zeca principiou a colecionar exames negativos. Mês após mês sua expectativa de liberdade foi aumentando, sonhos povoavam a sua cabeça: o mundo exterior, o trabalho, a família, quem sabe uma linda moça do lado de fora, o mar, a praia, pessoas bonitas e felizes nas ruas, quem sabe completar seus estudos.

Finalmente, em 1942, o décimo segundo e último exame de muco; se desse negativo, ele poderia partir.

A ansiedade, as noites sem dormir e, finalmente, a notícia: negativo.

Foi lavrada a documentação de alta, e deixou de ser legalmente considerado leproso; finalmente podia partir e levar uma vida normal.

Abraçou os irmãos doentes e foi-se, cheio de esperança.

A partida de Zeca alegrou sobremodo os irmãos que ficavam.

— • —

Novamente a casa materna, os irmãos sadios, tão sadios quanto ele mesmo.

Após sete anos sem contato físico, pôde novamente abraçar a mãe, o pai, os irmãos.

A mãe não cabia em si de contente, e procurava externar sua alegria em quitutes para o Zeca, passar a roupa do Zeca, ir com Zeca até a cidade... Zeca e mais Zeca...

As ruas apinhadas de gente, os bondes, as lojas e a praia.

— • —

Incidente com o pai

Uma dificuldade: Luiz, o pai.

Uma acontecimento, para conhecê-lo melhor:

Luiz tinha um cachorrinho, que inclusive o acompanhava até a sapataria na Av. Rangel Pestana, uma das mais movimentadas de Santos.

Certo dia, pela manhã, o cachorrinho foi atropelado.

Luiz gostava muito do jogo de bicho. Diariamente passavam pela sapataria meia dúzia de “bicheiros”, para recolherem suas apostas, levando boa parte do rendimento do dia.

Após Luiz ter feito a aposta, cada bicheiro o convidava para tomar um “morrão”, ou seja, uma dose de cachaça. Luiz inclusive se vangloriava do seu relacionamento com os bicheiros, era comum dizer aos filhos, referindo-se aos bicheiros:

— Seu pai tem amigos...

Assim sendo, aí pelas duas ou três da tarde, Luiz estava bêbado.

Naquele dia, já bastante embriagado, pegou uma faca e, ficando na calçada próxima a sapataria, passou a xingar vizinhos e transeuntes, culpando-os pela morte do cachorrinho e ameaçando-os com a faca.

Luiz acabou ferindo-se com a própria faca e transformou-se numa figura grotesca; ensanguentado, sujo, com a faca nas mãos.

Chamaram a polícia. Luiz foi levado para a delegacia e ficou preso.

— • —

Um vizinho, compadecido, avisou a esposa, Maria.

Maria pediu socorro a João, o filho mais velho.

João saiu da gráfica, onde era gerente, e foi à delegacia.

João era um "gentleman", impecável no seu terno de linho bege, gravata de seda, sapatos marrons, polidos e impecáveis, bigode a la "Clark Gable", voz baixa e modulada, maneiras finas:

Conhecia o delegado:

— Boa tarde, Dr. Fernando, como está o senhor.

— Bem, João, e você está bem? A que devo sua visita. Em que posso servi-lo.

— Procuro meu pai, tive informações de que está aqui.

— Deve ter havido algum engano, a única preso aqui, com mais idade, é um mendigo sujo e embriagado, que recolhemos na Av. Rangel Pestana.

— Pois esse homem é meu pai; posso levá-lo para casa?

— Seu pai?!

— É, meu pai.

— Lamento... Espere um pouco, vou ver como ele está...

Passados alguns momentos, voltava o delegado, consternado:

— Ele está dormindo sob os efeitos da bebida, não tem condições nem de andar. Fique tranquilo, assim que ele despertar e estiver mais consciente, eu mando uma viatura levá-lo até sua casa. Lamento sinceramente, nunca podia imaginar...

Algumas horas depois Zeca via o pai chegar, ainda meio zonzo...

— • —

Pais e mães, como forem e onde estiverem, são e serão sempre credores respeitáveis nos domínios da existência, principalmente para quantos se lhes erigem em descendentes.[50]

O triste retorno

Conquanto a alta, Zeca devia mensalmente comparecer ao posto de saúde para fazer exames.

O primeiro exame após a alta deu positivo.

A choradeira da mãe, a tristeza dos irmãos.

Subindo a serra, trancafiado numa ambulância, Zeca nos seus 20 anos ouvia uma voz triste e macabra, falando dentro de sua cabeça:

— A lepra é uma doença "incuráaaaaavel"...

— • —

Nas amarguras da vida
Aceita a prova como é;
Dificuldade é a medida
Que avalia nossa fé.[51]

Alberto sai de cena

Alberto, o irmão mais velho de Neco, a partir de 1941/42 piorara muito.

Os três irmãos: Zeca, Neco e Alda iam visitá-lo regularmente.

Um outro momento de encontro dos irmãos eram as visitas dos pais.

---

[50] Emmanuel – *Rumo Certo* – Chico Xavier – FEB.

[51] Antônio Martins – *Tempo de Luz* – Chico Xavier – IDE.

De um lado da cerca os quatro irmãos, do outro Luiz e Maria, das 10h30 quando os pais chegavam até as 14h30, quando partiam.

Aquelas quatro horas eram uma janela para o mundo exterior; e para receberem o afeto da mãe expresso nos quitutes que fazia, no tom amoroso da voz.

Luiz, embora suas dificuldades morais, vencia os seus temores, acompanhava Maria sempre e se comovia perante os quatro, mostrando seu lado melhor.

Domingo, 6 de março de 1943

Nesse dia, a misericórdia divina pôs fim a provação e aquele moço que passara a maior parte de sua vida trancafiado num hospital por um erro da política de saúde pública, mas de acordo com a justiça divina, partiu para o plano maior de alma purificada no sofrimento.

Um velório triste, com os três irmãos e mais um ou outro amigo na despedida.

A postura dos três irmãos face a morte era serena; a morte era um fato muito comum e se apresentava como uma manifestação da misericórdia de Deus, pondo fim aos sofrimentos.

Assim sendo, o adolescente não chorou na morte de Alberto, viu tudo aquilo com naturalidade.

Depois o enterro simples no cemitério do próprio hospital, os três jovens acompanhando o enterro do irmão.

Mais um vazio, somando-se ao vazio imenso que crescia tragando o futuro.

Mais dores para o coração amoroso de Maria Custódio; experimentava a primeira morte de um filho, porém aliviada pelo pensamento de que Alberto estava livre: livre do hospital, livre da doença, livre do preconceito.

— • —

Durante as visitas que se seguiram por longos anos, Maria lutava contra o pensamento insistente: "está faltando um", e uma pergunta que agulhava seu coração:

— Por que não podia ver também o Alberto?

— • —

São tantos que vi chorar,

Sem arrimo e sem conforto,

Mas nenhuma dor se iguala;

Mãe chorando o filho morto.[52]

Caiu o Y do Asylo

Em 1943, mais uma reforma ortográfica, y, k e w, letras mudas não pronunciadas com em "prompto", foram embora.

O adolescente que primava pela caligrafia caprichada e português correto, alfabetizado há 8 anos, teve que reaprender a escrever inúmeras palavras.

Sua residência agora era o "Asilo Colônia Santo Ângelo".

Nem tudo era ruim

De outro lado, aqueles que tinham dinheiro, poderiam morar em quartos individuais, nos pavilhões "Carville", construídos pela Caixa Beneficente, e comiam na cantina.

Os casais que viviam em residências faziam sua própria comida, lavavam a sua roupa, ou pagavam para outros para o fazerem; fechavam

---

[52] Catulo da Paixão Cearense – *Páginas de Fé* – Chico Xavier -- IDEAL.

a porta de suas casas e diziam “esse é o meu mundo” e se isolavam do que se passava ao redor.

— • —

Se Neco, Zeca e Alda não possuíam casa, tinham João, o irmão mais velho, que atendia aos irmãos com todo o seu carinho; além de financiar a visita dos pais todo mês, providenciava uma infinidade de coisas para os irmãos, como por exemplo, não deixava que lhes faltassem deliciosos bombons de chocolate.

Aldinha, nos seus 15 anos, teve como presente de João um lindo relógio de pulso, objeto raro naquela época.

Assim Alda, o adolescente e Zeca ficavam a coberto de maiores privações, pois além do auxílio de João, havia ainda o dinheiro proveniente do trabalho dos dois, possibilitando levar uma vida digna, com alimentação saudável e higiene.

Tomando refeições com o delegado

O delegado de Santo Ângelo, considerado uma de suas mais elevadas autoridades, interno responsável pelo posto policial, prisão e todos os dispositivos de segurança, era um bom homem.

Posto policial de Santo Ângelo com guarda à porta.

Já na faixa dos 60 anos, vivia com sua mulher e não tinham filhos.

Querendo ter um pouco de juventude na casa, convidaram o adolescente, educado, gentil e discreto, coisa rara na sua idade, para almoçar e jantar com eles, todos os dias.

Assim sendo, Neco, durante aqueles anos difíceis, não teve dificuldades de alimentação.

O delegado, como funcionário graduado do hospital, além de ganhar bem, tinha direito a receber comida de primeira qualidade do hospital.

Em torno de 1942 o adolescente trabalhava no abastecimento, colaborando para o controle da distribuição de gêneros alimentícios e produtos de limpeza às famílias residentes no Asilo.

Armazém de Santo Ângelo
Neco trabalhou alguns anos nesse local.

Ganhava apenas CR$20,00 (vinte cruzeiros) por mês, pois era menor de idade. Os adultos ganhavam CR$50,00; veio um aumento generalizado e o adolescente passou a ganhar CR$30,00 e os adultos a ganharem CR$70,00.

A diferença entre o salário dos menores e dos adultos ficou muito grande; o adolescente considerou a remuneração injusta, posto que não havia diferença entre o trabalho dos menores e dos maiores de idade; começou a partir daí a refletir como sanar aquela injustiça.

Havia muitas famílias que tinham dificuldades de locomoção e para as quais era penoso buscar os gêneros na prefeitura do Asilo. Por que não montar um pequeno serviço de entregas? O equipamento necessário era um simples carrinho. Trabalhando por conta própria poderia ter um ganho mais justo.

No entanto estava inseguro de tocar o negócio sozinho; o sócio para o empreendimento era óbvio: Luiz Betcher.

Além de amigo, tinha a mesma idade e o mesmo problema com o salário.

Montaram o pequeno negócio e, em breve, cobrando de CR$1,00 a CR$2,00 por entrega, chegavam a tirar CR$90,00 por mês, cada um; o triplo do que ganhavam trabalhando como funcionários e mais do que os escriturários adultos.

Aquilo foi uma festa; ambos empurravam seus carrinhos com alegria e determinação.

A sociedade prosseguiu até o Luiz Betcher ser transferido para o Asilo Colônia de Pirapitingui em 1945, onde conheceu Jésus Gonçalves[53] e participou das reuniões do Centro Espírita Santo Agostinho fundado por ele, o que foi providencial, pois o contato de Luiz com Jésus Gonçalves e seu grupo o enriqueceria sobremodo na compreensão profunda dos fundamentos da Doutrina Espírita.

Na ausência de Luiz Betcher, Neco tocou sozinho o negócio.

A LEI DE EVOLUÇÃO

Curioso notar o mecanismo das leis de evolução, alargando sempre e sempre a compreensão dos espíritos proporcionando-lhes visões de ângulos diferentes dos mesmos processos.

Em Belém, o rico comerciante português Manoel Gonçalves viu a distribuição das mercadorias do ponto de vista do investidor abastado procurando localizar as melhores oportunidades para aumentar ainda mais o seu vasto patrimônio.

---

[53] Jésus Gonçalves foi um destacado espírita e poeta, hanseniano, internado em Pirapitingui.

Na encarnação como Neco, viu a distribuição de mercadorias do ângulo de um adolescente num asilo para hansenianos, tendo como principal recurso a força de seus braços e pernas, empurrando um modesto carrinho de mão.

O avultado patrimônio de Manoel de Gonçalves transformou-se em pó com seu desencarne no século 18; No século 20, o destino do carrinho de mão não foi diferente, e a velhice e a enfermidade também tirariam seu vigor juvenil.

Porém ficaria marcado na sua alma o gosto e o saber pelos empreendimentos ligados ao comércio, e o mais importante, a iniciativa e o amor ao trabalho, patrimônio imperecível do espírito.

Assim vemos o processo evolutivo que dá origem aos gênios de cada atividade, ir se formando gota a gota, como uma estalagmite em que cada gota de água alcalina que cai do teto da caverna vai elevando a coluna a uma fração infinitesimal, mas que atingirá, no correr de milhares de anos, dezenas de metros de estatura.

A experiência de distribuir gêneros em Santo Ângelo foi uma dessas gotas; como a experiência em Belém, foram algumas dezenas de gotas na coluna chamada comércio.

Olhando a alma de Neco sob esse ponto de vista, veríamos seu espírito como uma grande caverna onde centenas de estalagmites, cada uma simbolizando uma capacidade do espírito, com as mais diferentes alturas, de centímetros a metros, mas todas crescendo imperceptivelmente, milênio após milênio, em que as gotas d'água são as experiências que a bondade divina nos proporciona nas várias encarnações.

Também com relação ao seu relacionamento com Luiz Betcher, cuja origem se perdia nos milênios passados, mais um elo se acrescentava aos milhares de outros, aprofundando sua ligação pela eternidade afora.

Tudo isso se firmava no inconsciente do adolescente; já no seu consciente de jovem, engajado nos problemas típicos da idade, o mais visível era a cifra de CR$ 90,00.

— • —

Não faças da própria vida
Preguiça, folga ou pilhéria.
O dia desocupado
Traz o cartão da miséria.[54]

---

[54] Casimiro Cunha – *Paz e Alegria* – Chico Xavier – GEEM.

Conversando à noite

Depois do jantar, banho tomado, começo de noite, reuniam-se os amigos para conversar; coisas do cotidiano, "causos", polêmicas de futebol...

Sentavam-se no "cassino", ou mesmo ao ar livre, formando pequenas rodas; os pensamentos e as palavras corriam soltos...

O adolescente participava dessas conversas, porém mais ouvia do que falava...

Trabalhando para o Léo

Um dos que gostavam de conversar era Francisco Serapompa, descendente de italianos, com mais de 1,80 m de altura, forte, quase 100 Kg de peso, pobre.

Nas terras em volta do hospital havia várias hortas e também granjas, inclusive com vacas leiteiras que forneciam leite para o hospital.

Algumas hortas pertenciam ao hospital, outras eram dos próprios internados, como a do português Léo que produzia e vendia hortaliças para o hospital e para quem mais quisesse comprar; para manter a horta ele contratava vários empregados entre os próprios internos.

Premido pela comida ruim do hospital e tendo um apetite voraz, Francisco Serapompa achou a solução do seu problema conseguindo um emprego com Léo.

Léo exigia que se trabalhasse sempre, chovesse ou fizesse sol; Na chuva os empregados punham um saco na costas e iam capinar; quando havia sol, deviam pegar os regadores de 20 litros e ir aguar as hortaliças.

A vantagem de trabalhar para o português, além de ele pagar bem, é que os empregados tinham direito ao almoço feito de comida boa e regado com uma caneca de pinga, muito valorizada, pois no hospital eram proibidas bebidas alcoólicas.

A pinga entrava em Santo Ângelo por meio do próprio Léo, que não dormindo nas enfermarias, tinha mais facilidade para fugir até Mogi, comprar um garrafão de pinga e trazê-lo para chácara, que ninguém fiscalizava.

— • —

Coloquemo-nos na roda de conversa, na posição de Neco e ouçamos Serapompa:

— Hoje de manhã trabalhei duro na chácara do português; quatro horas sem parar carregando aquele regador de 20 litros. Quando chegou a hora do almoço, estava com uma fome danada; e vocês sabem, a comida do refeitório não dá para comer e eu tenho que almoçar e jantar na hora do almoço.

— Quando tomei a caneca de pinga então, foi demais, não sei como eu consegui empilhar tanta comida no prato sem deixar cair: arroz, feijão, carne, abobrinha, quiabo, chuchu, couve; o prato ficou com quase um palmo de altura. Fui saindo de fininho, mas o Léo me viu e disse:

— Esses empregados me levam à falência... aqui se trabalha, mas também, como se come!

— O Léo devia estar pensando: "esse italiano come todo o meu lucro", interrompeu o Flávio rindo.

— Deixe-me continuar, disse Serapompa, aí eu falei para ele: o senhor quer que a gente trabalhe e fique sem comer?

— E aí, o que o português falou? – perguntou o adolescente.

— Ele ficou quieto, olhando pro céu e depois respondeu:

— Tudo bem, podem comer quanto quiserem...

— E saiu dali, eu acho que para deixar a gente mais à vontade...

Alcides entrou na conversa:

— O Léo português tem aquele jeito meio seco, mas tem um coração bom. Eu acho que ele lembrou ser também um interno, pensou no sofrimento da gente e também no dele, e que a gente vai ficar aqui junto, até que um dia a morte nos leve...

— • —

Modera-te no apetite
Na mesa que te conforte
Onde o prato é sem limite
A gula é a festa da morte.[55]

O VENENO

Aí a conversa tomou outro rumo, surgiu pequena discussão entre fumantes (imensa maioria) e não fumantes, apenas três: o adolescente, Serapompa e Antônio.

Os três não fumantes ouvem calados as observações dos fumantes: "O cigarro acalma", "O cigarro ajuda a pensar", "O cigarro é uma boa maneira de passar o tempo", "Vocês não fumam só porque são 'mão de vaca', preferem passar vontade a por a mão no bolso e comprar um maço...".

Nesse ponto o Serapompa tomou a palavra.

— Eu não fumo, não é por sovinice, é por outra razão, e eu vou contar para vocês, porque não quero que fiquem na ignorância.

Saboreou o silêncio que suas palavras provocaram, as expressões de curiosidade, e continuou:

---

[55] Lulu Parola – *Paz e Alegria* – Chico Xavier – GEEM.

— Há dois meses mais ou menos, estava chovendo, eu capinava, quando deparei com uma cobra, uma cascavel. Nesse mesmo momento, o Zezinho estava cortando fumo de corda para fazer seu cigarro de palha. Pensei comigo, vou fazer uma experiência. Cortei um galho com uma forquilha na ponta e prensei a cobra na terra, logo pertinho da cabeça, mas com cuidado para não machucá-la. Pedi para o Zezinho um pedaço do fumo em corda, abri a boca da cobra e enfiei o fumo na goela da bicha. Soltei a cobra, ela andou uns cinco metros, meio desengonçada, e parou; cheguei perto, olhei; ela estava morta.

E concluiu:

— Vejam vocês, a cobra que suporta os piores venenos, inclusive o dela mesmo, não aguentou o veneno do fumo; por isso eu não fumo, o cigarro é um veneno sem tamanho, mata até cobra...

O Antônio, não fumante, movendo a cabeça em sinal de concordância:

— Isso mesmo, muito boa a sua explicação, Serapompa; bela experiência, e vocês tomem a lição, vocês estão se envenenando...

— Eta italiano mentiroso, só queria saber uma coisa, você inventou essa história agora ou aprendeu com alguém? – perguntou o Flávio com o cigarro na mão.

— É a mais pura verdade, a troco do que eu ia mentir? Perguntem para o Zezinho – falou o Serapompa com um olhar galhofeiro...

— • —

Neco se animou com a história de Serapompa e resolveu contar a sua.

— O que o Serapompa falou é verdade, e eu vou trazer para vocês uma comprovação científica.

— O Manezinho é bom, prestem atenção, vão aprender... – aduziu, Serapompa, apoiando o amigo.

Neco continuou, com um olhar maroto...

— Como vocês sabem eu ouço muito o rádio. Eu estava ouvindo uma rádio Canadense, quando o locutor apresentou uma experiência sobre tabaco. Os cientistas do Canadá recrutaram dois homens: um fumante inveterado, desses que fumam três maços por dia, e um não fumante; trouxeram também uma bacia com duas sanguessugas.

Todos estavam em silêncio e curiosos para saber onde o adolescente ia chegar.

— Os cientistas puseram a primeira sanguessuga no braço do fumante, ela começou a inchar de sangue, inchar; de repente, largou o braço e caiu; imediatamente os cientistas foram examiná-la e constataram que estava morta. A seguir puseram a outra sanguessuga no braço do não fumante. Ela sugou o sangue com gosto, sugou, sugou, ficou enorme. Os cientistas ficaram até preocupados, pois ela podia estourar. Foram examiná-la; ela estava saudável, vigorosa, perfeita. Os cientistas concluíram então: o fumo envenena o sangue, e muito.

— Acabou? – perguntou o Antônio.

— Claro, não há mais o que falar, a prática e a ciência confirmam: cigarro não presta – finalizou Serapompa.

Flávio não entregou os pontos:

— Não é só o italiano que é mentiroso, esse portuguesinho segue o mesmo caminho...

Propaganda de cigarro da época
Observe que o fumante é um médico cirurgião ainda com suas luvas.

Tudo tem uma razão de ser; nossas próprias ações provocam reações da vida, em que se manifestam a justiça e a misericórdia de Deus.

Atos de grande grande importância por vezes nos passam despercebidos, porém são como sementes pequeninas a gerar no futuro árvores grandiosas, ou espinheiros terríveis de serem atravessados.

O adolescente, nos seus 16 anos, ignorava esses mecanismos, porém via as suas consequências, muitas vezes se perguntando:

— Por quê?

Eis um desses mecanismos, inicialmente um fato transcorrido quase um século antes:

A AÇÃO

Domingo, outubro, 1847, interior do Brasil

A fazenda está movimentada, Afrânio, o dono, está na sede; coisa rara, pois ele deixa todos os negócios com Aparício, seu administrador.

Mais surpreendente ainda é a presença da noiva, Isabel, e seus pais.

Afrânio, já na casa dos 40 anos, está apaixonado por Isabel, mal entrando nos 20; Afrânio quer impressionar bem, não só a noiva como também os futuros sogros; tem uma estima sincera por aquela família, seu sonho é integrar-se a ela.

Sua propriedade não é grande, conta com apenas 40 escravos homens, além de outro tanto em mulheres e crianças.

O sogro José reclama: faltam-lhes braços para a colheita; sua propriedade é modesta, tem apenas uma vintena de escravos e grassou, bem agora na colheita, uma epidemia de gripe, e os braços afrouxaram.

Afrânio resolve dar uma demonstração de apreço ao futuro sogro, pede que tragam Aparício a sua presença e pergunta:

— Aparício, quais são os nossos três melhores escravos?

Aparício para e pensa: por que será que ele está perguntando isso? Mas dada a presença de estranhos acha melhor responder sem contraperguntar:

— O Sebastião, muito trabalhador, inteligente e manso, mas forte como um touro é o melhor escravo que nós temos; Alcides em segundo lugar é muito ladino e trabalhador mas não tem a força do Sebastião; Pedro em terceiro, forte e trabalhador mas não é muito manso.

— Pode ir, Aparício, já respondeu o que eu queria saber.

— Pois é, meu futuro sogro, normalmente é a família da noiva que dá o dote, mas em prova do meu amor e da minha amizade, faço questão que o senhor fique com esses escravos; não é muito, mas certamente o ajudarão.

— Ora, o senhor me deixa encabulado com essa oferta, mas eu aceito com toda a minha gratidão; é um presente mais que tudo útil, e para mim especialmente serão de muita serventia.

Sentir a satisfação do sogro, o sorriso de aprovação da noiva fez bem ao coração de Afrânio.

Mais tarde, um pouco antes de ir embora da fazenda, Afrânio chamou o administrador e comunicou-lhe a doação que fizera e ordenou-lhe tomasse todas as providências, inclusive a lavratura da escritura, para encaminhar as três "peças", o mais rápido possível, à fazenda do sogro.

O administrador ouviu impassível às ordens, sem nada dizer, embora um olhar atento surpreendesse um leve rito de dor nos seus lábios. Concluídas as instruções, respondeu com um breve:

— Assim será feito.

Afrânio partiu e Aparício rememorou o seu relacionamento com Sebastião: conhecia-o desde criança e sempre tivera muita simpatia por ele. Foi com alegria que o viu crescer e transformar-se no melhor escravo da fazenda; pretendia tirá-lo do serviço braçal e passá-lo a feitor. Sebastião era muito chegado a uma escrava, Maria; Aparício havia prometido que, quando se casassem, deixaria que fizessem um casebre para os dois e havia até falado com o padre da Vila para sacramentar a união. Maria servia na "casa grande" e era a mucama predileta de sua mulher.

O casamento do escravo havia sido combinado com o padre para daí a um mês. Tudo aquilo o aborrecia, principalmente a burrice e a arrogância de Afrânio.

Era ainda mais aborrecido comunicar o fato a sua mulher, a Maria e, principalmente ao Sebastião. Com relação aos outros escravos, não o incomodava a doação: não sentia nada por eles e também Alcides vivia com uma negra, como poderia viver com qualquer outra, e Pedro aparentemente não ligava para mulher nenhuma em especial; ora se assanhava com uma, ora com outra.

Com Sebastião a coisa foi dura: quando contou que ele iria embora da fazenda, aquele negro enorme e forte se ajoelhou, beijou suas botas e suplicou:

— Tudo menos isso, "sinhô"; sem a Maria a minha vida num vai valê nada; tudo dia eu sonho com esse casamento; eu gosto do sinhô, eu gosto da fazenda, eu tenho trabalhado direito; minha mãe mora aqui e é uma negra velha, eu queria fechá os oio dela quando chegasse a hora; o sinhô prometeu uma casinha...

— Num tem jeito, Sebastião, o homem é o dono; ele decidiu, tá decidido...

— Pelo amor de Deus, "sinhô", fala cum ele, tem tanto escravo "bão" aqui na fazenda, tanto faiz um como "otro"; pelo amor de Deus, o "sinhô" tá matando eu...

Aquele diálogo estava cada vez mais desagradável...

— Agora para, Sebastião, vá dormir, chega, eu vou ver o que posso fazer.

Com a mulher, conversando na cama, foi a mesma coisa:

— Maria não parou de chorar desde que eu contei pra ela, não adianta falar com ela. Pedi para Joana fazer um chá para ela, não adiantou nada; só chora e chora; esse diabo de homem não pode dar outro escravo para o sogro?...

Aparício pensou em trocar o escravo, mandar outro no lugar; mas se Afrânio descobrisse, iria provavelmente perder o emprego, teria que enfrentar aquilo tudo.

— • —

Segunda-feira, outubro, 1847

No dia seguinte, Aparício levantou bem cedo, 5 horas, o Sol não havia ainda nascido e ele já estava a cavalo, indo para a cidade; trazia uma expressão de profundo desagrado no rosto;

Chegando à cidade aí pelas 9 horas, decidiu enfrentar Afrânio; Afrânio não o recebeu bem:

— O que aconteceu para você aparecer por aqui? Eu não pago para vosmecê ficar passeando...

— É a questão da doação dos três escravos: um deles, o Sebastião, acho que não será um bom presente, ele é muito agarrado à fazenda e está muito embeiçado por uma escrava, está até de casamento marcado com o padre da vila. Se for para a fazenda do senhor José, é capaz de fugir ou perder a mansidão e dar muito trabalho.

Afrânio pensou um pouco; mesmo que o presente não fosse o melhor, reconhecer o erro e trocar o escravo seria um sinal de fraqueza, iria rebaixar a sua imagem. A questão do casamento marcado era sem importância, negro se acasala com qualquer uma, que nem bicho;

a questão de ele perder a mansidão ou fugir era problema do feitor do José e não dele. Aquela conversa era desagradável e tediosa; ele, um bacharel de direito, ficar discutindo com o administrador não tinha o menor sentido.

— Já ouvi o que tinha a dizer; vosmecê errou deixando a fazenda e vindo aqui tomar o meu tempo, espero não repita mais esse erro. Eu sou um homem paciente, mas não abuse.

Tomou um papel e fingiu que estava escrevendo alguma coisa importante. Aparício saiu de cabeça baixa e voltou para a fazenda, amaldiçoando a todos: ao Afrânio, ao Sebastião, à mulher, à Maria e até a mãe do Sebastião.

— • —

Quinta-feira, outubro, 1847

A despedia dos três escravos foi triste; Aparício resolveu acorrentar os três para que não fugissem no caminho, coisa rara na fazenda. Maria levou alguns bolos de palmatória[56] para parar de chorar, mas a providência só fez aumentar o choro.

— • —

Janeiro, 1877

Afrânio foi feliz no casamento, teve filhos e conheceu os netinhos; vez por outra sentia uma amargura vindo do fundo da alma, não sabia por quê.

Morreu cercado pelo afeto dos seus. Era muito bem conceituado pela maioria; apenas alguns abolicionistas censuravam, às vezes publicamente, a sua postura de escravocrata convicto.

---

[56] Círculo de madeira com furos e uma haste; servia para aplicar castigos batendo na palma das mãos e provocando dores agudas e inchaços. Era usada para castigar crianças e escravas.

Sebastião tornou-se um negro calado e desencantado da vida; encontrava repouso para a alma no trabalho do corpo.

— • —

Constrói sobre a retidão
A tua felicidade.
Abismos chamam abismos,
Bondade chama bondade.[57]

A REAÇÃO

Princípio de março – 1942

Giovanna, jovem descendente de italianos, seios fartos, alegre e expansiva, medianamente bonita; porém somando a beleza, a simpatia e sua sensualidade honesta, concluía-se por uma capacidade de atração indiscutível, notadamente para quem quisesse constituir família. Trabalhava como operária numa tecelagem.

Giovanna era a mesma Isabel, a filha de fazendeiros, inicialmente noiva e depois esposa de Afrânio, o fazendeiro do século 19; nessa nova encarnação era modesta operária.

Giovanna recebera o salário; entregou o envelope ao pai sem abrir, como era praxe, mas fez um pedido: um vestido domingueiro estampado, branco com bolinhas azuis; o pai concordou e deu-lhe o dinheiro.

Giovanna saiu da fábrica às 17 horas; correu apressada; as "Casas Pernambucanas" fechavam às 18 horas. Entrou na loja, eram 17h30.

Seu olhos negros fizeram um pequeno voo pela loja e pousaram num balconista alto, magro e claro, de cabelos negros.

---

[57] Casimiro Cunha – *Gotas de Luz* – Chico Xavier – FEB.

Osvaldo era natural de Itu. Viera para a capital em busca de progresso, há cerca de um ano. Morava numa pensão no Belém; antes trabalhara em Itu atendendo numa "Venda" de beira de estrada; o emprego nas "Casas Pernambucanas", na capital, foi um grande salto profissional; mas determinado, inteligente e trabalhador, seu objetivo era chegar a gerente.

Osvaldo, era o mesmo Afrânio, bacharel e proprietário rural na encarnação passada, desta feita esforçado empregado no estabelecimento comercial.

Osvaldo que observava a entrada da loja, ao sentir os olhos de Giovanna repousando nele, sentiu uma pequena tontura.

O atendimento que ele prestou à cliente foi o melhor possível, era evidente o interesse dos dois; mas a loja dentro em pouco fecharia, ele estava trabalhando, ela precisava demonstrar que não era uma moça fácil; porém, tudo ia se afogando na simpatia, que brotava entre os dois; o mais ousado que ele conseguiu dizer foi:

— Esse estampado branco com bolinhas azuis combina com seus olhos azuis e a tornará bonita como um céu.

Ela não respondeu nada; não sorriu nem fez expressão de desagrado, apenas agradeceu com um olhar profundo e desarmado.

A loja fechava as portas. Ela correu para pagar enquanto ele fazia o pacote. Ele entregou o pacote, algo pesaroso. Ela olhou-o novamente e disse-lhe com ternura:

— Muito obrigada.

A imagem dela ficou na sua mente, mas como reencontrá-la?

Três dias depois:

— Aquele dia, pela pressa, esqueci os aviamentos...

Ele, enquanto separava linhas e botões:

— Onde você mora?

Sábado, abril, 1942

Osvaldo saíra do trabalho, tomara seu banho, pusera o melhor terno. Depois de alguns domingos, em infindáveis caminhadas na frente da casa de Giovanna, passaram a conversar no portão; ele do lado de fora e ela do lado de dentro; no sábado anterior, havia sido apresentado aos pais dela; hoje iria jantar com a família.

Osvaldo tomou o bonde; embora houvesse lugar para ir sentado, preferiu ir em pé no estribo recebendo o ar fresco da tarde no rosto; a mão destacando-se dos punhos da camisa e do terno segurava firme o balaustre.

Moreira estava sentado no banco do bonde e observava as mãos de Osvaldo a poucos palmos de seus olhos. Na mão de Osvaldo se desenhava uma mancha avermelhada.

Quando o bonde parou, Moreira se levantou e disse a Osvaldo:

— Desça e me acompanhe.

— Não posso, não sei quem é o senhor e tenho mais o que fazer.

— Sou inspetor de saúde...

— E eu não estou doente, não me aborreça...

— Departamento de Profilaxia da Lepra; ou o senhor vai por bem ou vai por mal; é melhor não resistir, ali está um policial, o senhor quer que eu o chame para o senhor ser algemado?

Tudo começou a ficar confuso na cabeça de Osvaldo, seu raciocínio estava travado; conseguiu a custo murmurar algumas frases entrecortadas:

— Não estou entendendo... preciso avisar a família de Giovanna... meu pai mora em Itu...

— Não se preocupe com isso, o senhor tem um problema muito mais grave para resolver.

Depois os acontecimentos foram se atropelando dentro da mente de Osvaldo. Foi levado até ao Departamento de Profilaxia da Lepra, na ambulância negra; na Av. Dr. Arnaldo, em frente ao cemitério do Araçá; novos exames e o diagnóstico: "lepra". Não pôde mais sair de lá; passou a noite numa saleta, com um guarda na porta; pela manhã seguia no ônibus com as janelas bloqueadas, e dava entrada em Santo Ângelo.

Seu pai, homem da roça, meio apalermado, veio visitá-lo dois meses depois. Mas Itu era longe, os familiares eram pobres; tinham medo que a notícia se espalhasse, e as visitas foram ficando muito espaçadas até cessarem de todo.

— • —

Giovanna preocupou-se, voltou à loja, mas não deram informação alguma; após muita insistência deram o endereço da pensão; Giovanna persuadiu o irmão a ir até a pensão descobrir o paradeiro de Osvaldo. Na pensão disseram simplesmente que ele sumira e venderam seus pertences para pagar o mês que ele ficara devendo.

Por muitos meses, vez por outra, Giovanna acordava à noite e sentia-se descansando seu olhar naqueles olhos negros. Sentia uma sensação agradável, porém depois vinha uma crise de choro.

Chorava baixinho para não despertar a irmã, pois no dia seguinte tinham de levantar bem cedo para ir para a fábrica.

Na memória de Osvaldo ficaram por anos o olhar azul de Giovanna, e se perguntava como estaria ela naquele dia em que jantariam juntos e ela vestiria o vestido branco de bolinhas azuis.

Ele a vira tão poucas vezes, mas certamente ela pareceria um céu.

— • —

Pela lei de ação e reação, Osvaldo sentia nessa época os mesmos sentimentos de frustração que fizera o escravo Sebastião sentir 100 anos antes.

— • —

O adolescente ouvia essas histórias de captura do Departamento de Profilaxia da Lepra, com suas temíveis ambulâncias pintadas de preto; sentia alguma compaixão, mas o convívio diário com a dor fazia com que visse esses fatos com serenidade e sem surpresa.

— • —

Sofre com calma. O relógio
Conforme a Sabedoria
Caminha da meia-noite
No rumo do meio-dia.[58]

[58] Casimiro Cunha – *Gotas de Luz* – Chico Xavier – FEB.

Quando Neco, menino, entrou em Santo Ângelo, Adelaide[59] já estava lá.

Filha de um casal muito pobre, Adelaide nasceu em 1915 em Tremembé, no Vale do Paraíba, estado de São Paulo.

Em 1921, quando Adelaide completava 6 anos, a hanseníase manifestou-se no seu pai.

A partir daí o pai, pedreiro, não conseguiu mais trabalho, pois todos se afastaram e a miséria instalou-se no lar.

Em 1923, a mãe contraiu tuberculose, tornando tudo mais difícil.

Aos 12 anos Adelaide conseguiu, heroicamente, emprego numa fábrica e passou a ser a única fonte de renda da família.

Logo após, a mãe de Adelaide desencarnou; por medo de contágio, o pai conseguiu que uma tia ficasse com as crianças. Uma providência inócua, pois embora ele não soubesse, Adelaide já estava infectada.

— • —

Um dia, ao levar alimento ao pai, e dar uma arrumada na casinha, Adelaide, então com 15 anos, encontrou o pai morto.

Uma das coisas que mais doeu no seu coração de menina-moça, ao acompanhar o enterro do pai, envolto num simples lençol, foi o fato de ter morrido sozinho, naquela condição de tanta miséria.

Porem o heroico pai de Adelaide, antes de morrer, havia orientado a filha:

— Filha, depois que eu morrer, você vai para São Paulo, faça os exames e, caso tenha a doença, procure se internar, será melhor para você.

---

[59] Mais informações sobre Adelaide podem ser obtidas consultando *Buscando a Luz*, primeiro volume desta trilogia.

Adelaide continuou trabalhando na fábrica e mantendo a família.

Quando Adelaide completou 18 anos, surgiu a oportunidade de vir a São Paulo; hospedou-se na casa de uma comadre de sua mãe e, embora não tivesse nenhum sinal exterior, fez os exames no Departamento de Profilaxia da Lepra. O resultado foi positivo; internada imediatamente, pôde levar apenas a roupa do corpo.

De início foi para o Pedro Bento, em Guarulhos; ao chegar ao hospital, depois de tantos anos de miséria e sofrimento, disse a si mesma:

— Parece que estou no céu, tudo aqui é tão bonito, tem acomodações, tem refeições, sinto como se estivesse num hotel...

Alguns meses depois foi transferida para o Asilo Colônia Santo Ângelo.

Enfermeiros internos, médicos e padre de Santo Ângelo

A disciplina em Santo Ângelo era muito rígida, principalmente quanto a parte sexual; a instituição era ainda comandada pelas freiras, que cerceavam qualquer contato das moças com internos masculinos.

Adelaide continuou sua vida normalmente e passou a trabalhar como faxineira.

— • —

Em 1940, quando Adelaide estava com 25 anos, surgiu Paulo em sua vida.

Paulo era um moço bonito e alegre, fez o curso de enfermagem em Santo Ângelo e tornou-se enfermeiro; inteligente e aplicado, chegou a chefe de enfermagem.

O namoro era sério, mas as regras de Santo Ângelo permitiam que se vissem apenas aos domingos.

Em nenhum dos dois a doença havia se manifestado, queriam casar-se mas não podiam, não havia casas disponíveis.

— • —

Na atividade de faxineira conheceu o "professor" Virgílio Quáglio, trabalhando em sua casa.

A partir de 1941, com a fundação do Centro Espírita João Cândido, Adelaide passou a ter contato com o espiritismo por meio de Virgílio.

Virgílio fazia uma festinha todo mês de junho em comemoração ao aniversário do Centro, com alguns doces e refrigerantes. Adelaide sempre comparecia às festinhas, mas não frequentava as reuniões.

Na mesma época conheceu Encio, também trabalhando em sua casa; de imediato passou a nutrir uma afeição filial por Encio e por sua esposa.

O fato de Encio ser espírita a aproximou mais da Doutrina. Adelaide passou a ler alguns livros espíritas emprestados por Encio, mas continuou a frequentar apenas a reunião festiva que acontecia em junho.

— • —

Em 1943, Paulo, o noivo, começou a mostrar os sinais exteriores da doença, agravando-se rapidamente.

Um ano depois, Paulo estava muito doente, e a bendita casa não saía. Paulo passou a ser irreconhecível, o rosto coberto de lepromas, a face inchada; o bacilo infectou a laringe e sua voz adquiriu um som gutural.

Afastou-se do trabalho, foi internado num pavilhão para acamados. Adelaide ia visitá-lo todos os dias, levando-lhe o alimento; os dois temiam a morte de Paulo, e que de seu romance sobrasse apenas uma amarga frustração; decidiram casar assim mesmo, sem casa.

— • —

O casamento ocorreu em setembro de 1944, Adelaide estava com 29 anos.

O noivo a aguardava no altar muito atacado pela lepra, mas um sorriso de alegria marcava seu rosto.

Encio, que no plano espiritual acompanhou o reencarne de Adelaide e continuaria a seu lado por toda a vida, compareceu com a esposa como padrinhos da noiva; como os dois ainda não possuíam uma casa não puderam morar juntos, conquanto casados: Adelaide foi morar com uma amiga, e Paulo continuou morando no Pavilhão.

— • —

A rotina das visitas diárias prosseguiu, por vezes algum casal amigo, tendo uma casa, permitia que passassem uma noite juntos, para viverem alguma intimidade.

Encio continuou com seu apoio, e consolava Adelaide com as verdades espíritas, que ela foi recebendo imperceptivelmente.

Quanto a Neco, conhecia Adelaide, pois naquela "cidade" de 2.000 habitantes todos se conheciam, porém Adelaide não lhe despertava nenhuma atenção especial.

Filhos

Os casais como Adelaide e Paulo, ou Encio e esposa, raramente tinham filhos, pois o bacilo da lepra ataca comumente os testículos e ovários provocando a esterilidade, e, por vezes, provoca a impotência, a diminuição do apetite sexual e a suspensão da menstruação.

Embora tivessem essas limitações, permanecia o desejo de convívio e a necessidade de afeição.

— • —

Aqueles casais que, apesar das limitações provocadas pela hanseníase tivessem filhos, sofreriam um duro golpe; pelas normas do Asilo as crianças recém-nascidas eram afastadas imediatamente dos pais, pois a lepra não é hereditária e eram encaminhadas a familiares ou a "preventórios", orfanatos destinados exclusivamente a abrigar filhos de leprosos.

É triste dizer, mas frequentemente familiares, como avós e tios, enceguecidos pelos preconceitos, recusavam-se a receber netos e sobrinhos, então eram criados como se não tivessem família alguma.

— • —

Alma cansada e sincera
Que a mágoa fere e vigia
Trabalha, perdoa e espera...
Amanhã é novo dia.[60]

O SOFRIMENTO DE VER OUTROS SOFREREM

O adolescente era saudável, pois o bacilo pouco o havia atingido, jogava o seu futebol com desembaraço e boa forma física, trabalhava e tinha boa visão; recebia a visita dos pais e o apoio do irmão mais velho, João; do ponto de vista individual, o seu sofrimento principal era a grande carência afetiva, derivada de ser "órfão de pais vivos".

Porém as lágrimas corriam a sua volta, como as de Adelaide e Paulo, de Sílvio e seus pais e de outras centenas de internados e seus familiares, e também o atingiam; foi obrigado a desenvolver um grande equilíbrio psicológico para lidar com todas aquelas dores que o cercavam.

Por vezes pensava "quando tudo aquilo terminaria?", "morreria ali, passando pela terrível decadência física que antecederia a morte?"

Entretanto uma voz secreta lhe dizia: "tenha bom ânimo", "acima de tudo está Deus".

---

[60] Soares Bulcão – *Paz e Alegria* – Chico Xavier – GEEM.

LIVRO 2 - O ADOLESCENTE

1933

- Adelaide é internada em Santo Ângelo.

1939

- Virgílio Quáglio deixa a presidência da Caixa Beneficente de Santo Ângelo.
- Sílvio Bez, futuro grande amigo de Neco, é internado em Santo Ângelo.
- É declarada a Segunda Guerra Mundial; em consequência do abalo financeiro que ela provoca, as verbas de Santo Ângelo são reduzidas drasticamente.
- O Dr. Abreu deixa a diretoria de Santo Ângelo, encerrando um período de bem-estar.
- Neco termina o curso primário e passa a trabalhar, encerrando sua infância aos 12 anos.

1940

- A ditadura Vargas e as dificuldades impostas pela Segunda Guerra Mundial deterioram muito a condição dos pacientes em Santo Ângelo.
- Adelaide conhece Paulo e os dois se apaixonam; porém não conseguem se casar por serem pobres e não terem condição de comprar moradia.
- Adelaide conhece também, como faxineira, o “professor” Virgílio Quáglio e Encio Gaitinha.

9 de março de 1941

- Faget, Hillary Ross e Frederick A. Johansen iniciam o experimento com o medicamento Promim, no Hospital 66 da Marinha Americana (Carville), para tratamento da lepra.

16 de junho de 1941

- Virgílio Quáglio realiza a primeira reunião do Centro Espírita João Cândido.
- Adelaide passa a ter as primeiras informações sobre espiritismo.
- Encio e Luiz Betcher passam a frequentar as reuniões espíritas na casa do "professor".

6 de setembro de 1941

- Sales Gomes, diretor do DPL (Departamento de Profilaxia da Lepra), é homenageado com o descerramento de um busto de bronze em Santo Ângelo; essas estátuas em homenagem a Sales Gomes seriam levantadas também em outros leprosários.

Setembro de 1941

- O experimento de Faget e colaboradores é bem-sucedido, mudando o curso da leprologia e mostrando o caminho para a cura da lepra.

7 de dezembro de 1941

- A base militar americana em Pearl Harbor no Pacífico sofre o ataque da Marinha Imperial Japonesa, que danificou ou destruiu 11 navios, 183 aviões, e matou 2.403 militares americanos. Esse ataque marcou a entrada dos Estados Unidos na Segunda Guerra Mundial.

1941	• Neco descobre a liberdade de crença após observar Clemente, um evangélico, fazer suas pregações. • A irmã caçula de Neco é internada em Santo Ângelo.
1942	• Neco e Betcher montam um pequeno empreendimento para fazer entrega de mantimentos na casa dos doentes, utilizando carrinhos de mão.
6 de março de 1943	• Alberto, primeiro irmão de Neco a ser internado, desencarna.
1943	• Uma nova reforma ortográfica tira o **y**, o **k** e o **w** das palavras da língua portuguesa. • A hanseníase em Paulo, noivo de Adelaide, se agrava rapidamente. Ele fica irreconhecível, com o rosto cheio de lepromas, perde a visão. Os dois temem que Paulo morra antes que possam casar-se.
Setembro de 1944	• Adelaide e Paulo casam-se com o auxílio de Encio, mas não podem morar juntos.

LIVRO 3
O MOÇO

Quando o personagem descobre que acima de todo o sofrimento está a infinita misericórdia de Deus, fato que, infelizmente, muitos desconhecem.

UM CIENTISTA "ANTENADO"

Embora morasse numa casinha no fundo do Sanatório Padre Bento, o médico Lauro Souza Lima, diretor do sanatório, acompanhava o que se passava no mundo.

Dr. Lauro Souza Lima
Médico e cientista.

Mantinha correspondência com os principais nomes da leprologia, especialmente com o médico John Lowe, na Nigéria, e o médico e missionário inglês Ernest Muir, que trabalhava junto aos leprosos de Bengala, na Índia.

Participava também de congressos internacionais, havendo notícias que, com apenas 20 anos, estudante ainda de medicina participou da III Conferência sobre Lepra em Estrasburgo, na Alemanha.

LAURO OBSERVA CARVILLE

Dentro desse contexto, "antenado" com tudo aquilo que acontecia no mundo, Souza Lima naturalmente tinha um interesse especial por Carville, que visitaria por várias vezes durante sua vida.

Acompanhando atentamente os resultados dos experimentos em Carville por meio do jornal dos internos, o heroico *The Star*, que era enviado a outros leprosários, e noticiou o experimento passo a passo; a imprensa médica americana apenas noticiaria o experimento em dezembro de 1942, publicando o relatório de Faget e colaboradores no *Public Health Reports*.

Em novembro de 1943, surgia um novo relatório na imprensa médica "O tratamento da lepra com Promin. Um relatório do progresso"[61], no qual Faget afirmava textualmente:

"Promim é a droga sulfonamida que aparenta possuir a maior extensão de propriedades quimioterapêuticas contra a lepra".[62]

FAGET MERECERIA CRÉDITO?

Havia muitas propostas de cura sendo divulgadas; segundo o próprio Lauro:

"a multiplicidade de novas e milagrosas medicações antilepróticas, que passado algum tempo revelavam-se ineficazes, produziam o ceticismo de médicos e de leigos".

Seriam as observações de Faget mais uma dessas tentativas que o tempo condenaria?

A visão científica de Lauro obrigava-o a dar crédito a Faget:

• pela cautela com que a equipe de Carville se manifestava com relação aos próprios êxitos;

• pela sequência que vinha tomando a pesquisa, em que o experimento de Faget não estava "solto", mas era o coroamento do trabalho de inúmeros pesquisadores que vinham seguindo essa linha, antes dele, e altamente conceituados como Feldman, e outros pesquisadores, como o do Dr. Juan Jablowsky, na Bolívia.

Tudo isso indicava: era válido ir a Carville e conhecer pessoalmente as pesquisas de Faget.

---

[61] *The Promin Treatment of Leprosy. A Progress Report.*

[62] *"Promin is the sulfonamide drug which thus far seems to possess to the greatest extent some chemotherapeutic properties against leprosy."*

Ida a Carville

A primeira dificuldade a transpor era financeira; não conseguiria nenhum apoio oficial, e viajar custava dinheiro, teria que ir por conta própria, utilizando suas economias, obtidas de uma vida simples de solteiro, residindo no próprio hospital.

Na época as viagens internacionais eram feitas por via marítima, posto a pouca autonomia das aeronaves; porém o mundo estava vivendo uma guerra de âmbito global, os oceanos eram povoados de perigos, notadamente submarinos.

Mais seguro era utilizar a via aérea, contornando o litoral, fazendo escalas nas principais cidades da costa brasileira, até Belém e depois Caracas, Bogotá, atravessar a América Central e finalmente chegar aos Estados Unidos, num roteiro complicado e demorado.

De outro lado as nuvens da guerra se desfaziam, pois o poderio nazifascista declinava dia após dia; a partir de 1943 a Alemanha recuava, seu poderio naval estava muito diminuído, e se previa a grande invasão aliada, que culminaria com a retomada da Europa a partir do dia "D", em 6 de junho de 1944.

Aproveitando o afrouxamento da guerra, e não esperando o término dela, Lauro Souza Lima partiu de Guarulhos, seguiu para o aeroporto de Congonhas em São Paulo, seguiu para o Rio de Janeiro, prosseguindo sua viagem e chegando finalmente a Carville em meados de 1944.

Recebido efusivamente por Faget, hospedou-se no próprio leprosário. Levou como apresentação seu nome como cientista e o hospital que dirigia.

Ouviu os relatos do dentista de Carville, Dr. Pregnan, a primeira pessoa a se convencer da eficiência de Promim, "*visto que as lesões orais e laríngeas são as que mais rapidamente respondem ao tratamento sulfônico*".

Após algumas semanas inteirando-se dos métodos utilizados em Carville, voltou trazendo na bagagem alguns milhares de amostras grátis de Promim, conseguidas por Faget junto ao Parke Davis.

Observe-se que o tratamento demorava mais de dois anos, sendo as aplicações injetáveis diárias. Isso envolvia pelo menos 700 doses do medicamento por paciente.

— • —

Em outubro de 1944, já no Brasil, Souza Lima convencido de que o caminho para a cura da lepra seria por meio das sulfonas, iniciou a administração de Promim no Sanatório Padre Bento.

Porém o fez em pequena escala, apenas três pacientes, visto a droga ser nova e haver ainda muitas questões a resolver.

Convenceu-se da eficácia do tratamento, mas teria um longo trabalho pela frente: o convencimento dos médicos brasileiros.

— • —

A Misericórdia Divina já trouxera a bênção da cura a menos de 70 quilômetros do "Asilo Colônia Santo Ângelo" e, consequentemente, de Neco.

— • —

Se desejas algum dia
A luz divina alcançar
Atende ao bem, sem repouso,
Sem nunca desanimar.[63]

---

[63] Casimiro Cunha – *Gotas de Luz* – Chico Xavier – FEB.

Nesse ano, mais uma vez a linha do destino de Neco sofreria uma mudança; muitos acontecimentos se precipitariam, alguns a milhares de quilômetros de Santo Ângelo, porém determinantes para sua vida.

INÍCIO DA LUTA

Como vimos no capítulo "O monstro sofre um duro golpe", após várias peripécias Conceição se radicara em São Paulo, por 1940/41, tendo um programa de variedades na Rádio América. Sua colaboração junto a Cruz Vermelha se intensificara e se chegara ao posto de diretora da Cruz Vermelha – filial São Paulo.

No programa de rádio, Conceição abordava os mais variados assuntos que fossem de interesse do público, inclusive as campanhas feitas pela própria Cruz Vermelha e questões relacionadas à saúde em geral.

Em fins de 1944, recebeu algumas cartas dos ouvintes denunciando as condições desumanas dos leprosários em São Paulo.

Era um assunto que não se comentava, mas resolveu divulgar as denúncias.

No início de 1945, surpresa, passou a receber inúmeras cartas de todos os locais do estado de São Paulo, relatando o descalabro em que viviam os hansenianos.

O assunto foi ganhando proporção cada vez maior.

Conceição entrara na arena[64].

---

[64] O radialista Manuel da Nóbrega também deu algum destaque nos seus programas à questão dos leprosários, porém bem menos que Conceição.

Uma autorização

Conceição
Foto: Rodrigo Vicentini

Todavia, conquanto as denúncias, nenhum dos parentes dos internados entrara nos leprosários, ninguém sabia o que se passava lá dentro.

Os únicos que verdadeiramente conheciam o interior dos leprosários eram os médicos e funcionários, e eles não iriam "abrir a boca", notadamente naqueles tempos de ditadura, quando qualquer crítica ao governo ou seus agentes, no mínimo custaria o emprego.

Conceição em alguns meses concluiu que o único jeito de auxiliar os hansenianos seria entrar nos leprosários e constatar "in loco" a situação.

Naturalmente a visita foi negada, de pronto, pois a lei a impedia.

O interventor

Entre outros benefícios prestados ao estado de São Paulo por Getúlio Vargas, dois são incontestes: as nomeações de Armando Sales Oliveira e Fernando Costa para governarem o estado.

Fernando Costa foi nomeado pelo ditador em 1941 em substituição a Adhemar de Barros.

A aparência de "caipirão" dava um toque de humildade e simplicidade a um homem extremamente culto e inteligente: sendo engenheiro agrônomo por formação, era experimentado na atividade política, extremamente realizador, desde o incentivo à descoberta de petróleo em Minas Gerais até a instituição do Parque Iguassu, no Paraná.

Homem inovador, à frente de seu tempo, na década de 1940 já era ambientalista.

— • —

Inspirada e fortalecida pelos Benfeitores Espirituais, decidida e determinada, Conceição resolveu pedir a autorização para entrar nos leprosários, à autoridade maior, ao interventor, que apesar de suas ligações com a ditadura, era um homem bom.

Para tanto solicitou uma audiência com o governador, valendo-se do seu trânsito junto aos altos escalões políticos da ditadura Vargas, da sua condição de celebridade e do seu cargo de "Diretora da Cruz Vermelha".

Maio: Conceição

Terça-feira, 3 de maio de 1945

Fernando Costa atendeu ao pedido de Conceição e marcou a audiência para esse dia.

Inteligente, Conceição contratou um taquígrafo para anotar todos os detalhes da conversa com o governador.

Nesse dia entrou resoluta, no vigor de seus 36 anos, acompanhada pelo taquígrafo, no suntuoso Palácio dos Campos Elísios, na Avenida Rio Branco, em São Paulo.

O interventor havia convocado para a audiência o diretor do Departamento de Profilaxia da Lepra, Sales Gomes.

A entrevista foi tensa, com uma posição francamente defensiva e agressiva de Sales Gomes.

Já no início da audiência o interventor, para aliviar tensões, antes de entrar no problema, teceu elogios a um antigo diretor do

Departamento de Profilaxia da Lepra, professor da Faculdade de Higiene e Saúde Pública, seu amigo pessoal.

Sales Gomes, esquecendo que estava face à autoridade máxima do Estado de São Paulo, retrucou:

— O senhor está enganado, ele é um curandeiro...

Sales Gomes ameaçou ainda, veladamente, por sob suspeita de hanseníase os diretores da Cruz Vermelha e eventualmente internar alguns deles.

Conceição entregou ao governador algumas das cartas que recebera, e Fernando Costa, depois de lê-las, ficou surpreso, pois desconhecia aqueles fatos.

Determinou de forma objetiva e lacônica a Sales Gomes providenciar uma carta circular autorizando Conceição a visitar todos os asilos, na data e hora que ela desejasse; solicitou a ela que lhe encaminhasse um relatório sobre as visitas.

Segunda quinzena de maio

Sales Gomes resistiu às determinações do interventor, mas finalmente concedeu uma carta para que Conceição visitasse o Sanatório Padre Bento dia 17 de maio.

No Padre Bento Conceição, acompanhada do taquígrafo e de um jornalista, constatou fatos aterradores quanto a alimentação e higiene, alguns exemplos:

• Um doente teve a orelha devorada por uma ratazana enquanto dormia. O fato foi possível em virtude da insensibilidade dos hansenianos e da infestação de ratos no hospital; os doentes se reuniram então em grupos, um ficando de sentinela a cada turno para que o fato não se repetisse.

• Num dos pavilhões havia apenas um banheiro para mais de 150 mulheres.

• ...

Preparou um relatório que apresentou, dia 31 de maio, numa nova audiência, a Fernando Costa.

Fernando Costa determinou que Jorge Americano, secretário da Educação e Saúde, encabeçasse uma comissão, da qual deveria participar o médico Benedito Montenegro, diretor da Faculdade e Medicina da USP em visita aos leprosários.

Maio: rendição da Alemanha

No auge do poderio alemão, em 1942, na hora do almoço a Rádio de Berlim fazia uma transmissão para o Brasil.

O locutor por vezes era interrompido com um som "buumm"; cada "buumm" correspondia a um navio aliado que havia sido afundado pelos alemães.

Os internos os contavam: um, dois, três, ... Havia dia de contarem 14 "buumm", ou seja, 14 navios afundados; perdas de milhares de vidas e milhares de toneladas de mercadorias.

No hospital havia muitos italianos e alemães, ou seus descendentes, que comemoravam com certa discrição os feitos do "eixo".

Porém, a partir de janeiro de 1943, com os sucessivos reveses da Alemanha o número de "buumm" foram diminuindo até pararem de vez.

Em 1945 as vitórias aliadas se intensificaram, inclusive as vitórias brasileiras na Itália.

Meados de abril: Berlim é sitiada pelo exército soviético e invadida.

Trinta de abril: Hitler suicida-se.

Três de maio: enquanto Conceição se reúne com o interventor Fernando Costa, do outro lado do mundo se iniciam as negociações da rendição alemã, que se dá a 8 de maio.

—•—

A derrocada do nazifascismo era um fato importante na vida de Neco.

À medida que os aliados iam firmando sua vitória, a ditadura Vargas ia desmoronando.

Como aceitar que milhares de brasileiros morressem na Europa para afirmar a democracia quando em seu próprio país vigorava uma ditadura?

Como se alegrar com a queda de figuras sinistras como Hitler e Mussolini, se no Brasil seus métodos de governo estavam vivos através do DIP (Departamento de Informação e Propaganda) com seus assassinatos e atos escusos?

Como falar de democracia e justiça onde não existiam eleições e, no judiciário, a consciência dos juízes deveria se subordinar à opinião arbitrária do ditador e de seus apaniguados?

O guerra e a ditadura Vargas, dois fatores importantes no sofrimento imposto aos doentes, estavam chegando ao fim, uma nova aurora anunciava as luzes de um sol de esperança.

Junho: A revolta

As informações que vêm a seguir parecerão absurdos nos dias de hoje: "doentes do hospital em greve", "guardas armados abrindo caminho à bala para sair do hospital", todos esses contrassensos nasceram, todavia, de um absurdo maior: "eliminar a doença por meio da eliminação dos doentes".

Porém vamos aos fatos:

A visita de Conceição e os relatos que, posteriormente, ela expôs na Rádio Nacional; os ideais de liberdade e democracia, tão decantados nas vitórias dos aliados, o sofrimento de todos aqueles anos a transbordarem; todos esses fatores provocaram uma tomada de consciência nos internados.

Alguns internos de maior destaque e com dotes de liderança montaram uma comissão e prepararam uma lista de reivindicações, que expressava o desejo da maioria dos doentes: alimentação saudável, melhores condições de higiene, etc.

— • —

Levaram as reivindicações ao diretor do hospital, Ferreira Gomes, que as encaminhou ao diretor do departamento Sales Gomes.

Sales Gomes, dentro de sua visão autoritária, considerou que a solução para o problema era dissolver o movimento, prendendo e transferindo os líderes da comissão.

Desarticulado o movimento, as reivindicações cairiam no vazio e o problema estava solucionado.

O castigo imposto aos líderes serviria de exemplo, evitando outros movimentos semelhantes.

Escolheu alguns guardas do Departamento de Profilaxia da Lepra, de físico avantajado, e dirigiu-se para Santo Ângelo para conduzir pessoalmente a prisão dos membros da comissão.

Porém, não se sabe como, a informação vazou, e os doentes ficaram sabendo que Sales Gomes e os guardas vinham para prender os membros da comissão.

— • —

A atitude arbitrária e desumana de Sales Gomes revoltou os doentes.

Os doentes armaram-se de porretes, sendo que um, que trabalhava na oficina, fabricou as pressas um pequeno canhão para a resistência.

Alguns internados ficaram próximos à portaria como sentinelas.

Quando viram entrar aqueles quatro ou cinco homens corpulentos, deram o alarme.

Os guardas conseguiram pegar apenas dois membros da comissão; ao chegarem à portaria, uma multidão de doentes armados de porretes lhes impedia a passagem.

Deram alguns tiros para o ar, para abrir uma brecha, e conseguiram passar arrastando os dois pobres doentes, subiram nos automóveis, levando os prisioneiros e puseram-se em fuga, juntamente com Sales Gomes.

— • —

Os internos dirigiram-se ao monumento, com a estátua de Sales Gomes, laçaram o busto, derrubaram-no e o despedaçaram tomados de fúria.

Pedestal próximo ao campo de futebol – Santo Ângelo
Sobre esse pedestal ficava o busto em homenagem a Sales Gomes Junior; com a destruição do busto pelos internos, permaneceu como um símbolo da luta contra a opressão.
Foto: Alessandro Amaral

— • —

Os altos funcionários do hospital não eram bem vistos pelos internos; eles se reservavam privilégios enquanto os demais sofriam as agruras do tratamento indigno.

Exemplo disso era o próprio Neco, na época trabalhando na distribuição de gêneros; quando chegava a carne, seguindo as determinações do chefe, entregava os cortes de primeira ao diretor, prefeito, presidente da caixa e delegado; o próprio chefe do Neco não tinha direito a esse privilégio; se quisesse alimentação de melhor qualidade teria que comprar, porém recebia carne de segunda, e mesmo assim de forma racionada.

Já ao refeitório geral, para alimento dos perto de mil doentes que dependiam da alimentação gratuita, raramente era encaminhada carne, mesmo assim com prazo de validade vencido, quase sempre com vermes.

Temendo agressões, os altos funcionários trancaram-se em suas casas e solicitaram que fossem postos guardas a sua porta.

Sales Gomes achou melhor transferi-los, o que foi feito na calada da noite.

— • —

O hospital ficou então entregue a si mesmo. Os funcionários, praticamente todos internos, decidiram entrar em greve; o hospital parou.

Revoltas semelhantes ocorreram nos outros leprosários.

— • —

Essa situação durou cerca de um mês; em princípio de julho Sales Gomes nomeou um novo diretor, Nélson Souza Campos, a greve cessou e houve algum alívio nas tensões.

— • —

Evita a sombra da ira,
Controla a impulsividade.
A pessoa enfurecida
É uma fera em liberdade.[65]

---

[65] Casimiro Cunha – *Paz e Alegria* – Chico Xavier – GEEM.

Julho: Conceição visita Santo Ângelo

Quinta-feira, 19 de julho de 1945

Como a comissão proposta por Fernando Costa em 31 de maio não tomou forma, Conceição resolveu visitar Santo Ângelo, independente dela.

Fez-se acompanhar por um jornalista e por um coronel do exército; temendo algum impedimento de última hora, evitou a portaria principal, entrando pelo fundo do hospital, pela chamada terceira portaria.

Após a sua entrada, sabendo do fato, o diretor de Santo Ângelo, Nélson Souza Campos, saiu do seu gabinete e resolveu acompanhá-la.

Neco, estando por ali, viu aquela mulher, sem demonstrar nenhum temor de contágio, ir entrando pelo pavilhão Santista, onde residia, caminhando por entre as camas do corredor, tão juntas, que os doentes sentados, eram obrigados a levantar os pés para lhe dar passagem.

Solicitava informações; tudo que os internos diziam era anotado pelo taquígrafo.

Vistoriou pavilhões, viu as celas imundas onde eram encarcerados os doentes mentais, foi à cozinha e à lavanderia.

Depois, dirigiu-se ao campo de futebol, reuniu os doentes e, postando-se na tribuna que havia em frente, dirigiu-lhes a palavra, solicitando-lhes igualmente que se manifestassem, declarando suas queixas e pleitos.

Neco ali em pé, nos seus 19 anos, encantou-se: coragem, inteligência, palavra fácil e voz que se projetava ao longe; além disso ela perguntava o que queriam, interessava-se por eles, insistia em ouvi-los.

O moço nunca tinha visto um administrador do hospital se interessar pela voz do doente. Aquilo era absolutamente novo, a primeira visita de Conceição ficaria gravada na sua memória, até o fim de sua existência, embora Conceição ao longo dos anos voltasse muitas vezes a Santo Ângelo.

— • —

Conceição também ficou extremamente sensibilizada.

A sua sensibilidade não reagiu por meio de prantos e desmaios como imaginariam os machistas.

Chocada, intensificou denúncias e campanhas em favor dos internos, valendo-se de toda a sua capacidade verbal, mobilizando a opinião pública e angariando a simpatia dos parentes e amigos dos quase dez mil internados nos leprosários do estado.

— • —

A Misericórdia Divina trouxera a vontade política até Santo Ângelo, a poucos metros de Neco.

AGOSTO: TERMINA A GUERRA

Embora as dificuldades inúmeras que enfrentava Santo Ângelo em 1945, dificuldades de alimentação e higiene principalmente, boa parte da atenção dos internos em geral, e do moço em particular, estava voltada para os cenários da guerra.

Conquanto jovem nos seus 19 anos, Neco sempre foi um apaixonado por história, geografia e pelo Brasil; podemos dizer que Neco nasceu brasileiro, não apenas por ter nascido em Santos, mas porque quando nasceu já amava o Brasil e sentia-se brasileiro desde o século 18, quando de outra encarnação no Brasil.

Nesses dois últimos séculos teve erros e acertos, lamentavelmente mais erros que acertos; mas houve um ponto positivo, o amor ao Brasil, profundamente enraizado na sua alma.

— • —

Nas notícias da guerra, Neco ouvia com grande interesse um programa de notícias pelo rádio “O Repórter Esso”, patrocinado pela empresa petrolífera de mesmo nome, com os bordões “o primeiro a dar as últimas" e "testemunha ocular da história" ingênuos hoje, mas de grande sucesso na época.

Em 6 e 9 de agosto, os Estados Unidos lançaram as bombas atômicas nas cidades de Hirosshima e Nagasaki.

Em 15 de agosto, às 12h45 "O Repórter Esso" bradava:

"A guerra acabou", "A guerra acabou".

A Segunda Guerra chegava ao fim com a rendição do Japão.

— • —

Em todo o país as pessoas saíram às ruas, abraçaram-se e festejaram.

E em Santo Ângelo, pequena cidade hospital, não foi diferente das outras cidades do Brasil.

Neco também largou seus afazeres e saiu a rua para abraçar emocionado seus compatriotas.

A tirania, a brutalidade, o preconceito institucionalizado contra as raças ditas inferiores, contra os doentes especialmente, havia sofrido uma dura derrota.

Os ideais de "liberdade, igualdade, fraternidade" lançados pela revolução francesa eram revigorados.

Outubro: A ditadura Vargas desmorona

A ditadura já enfraquecida torna-se insustentável com o clima político gerado pelas comemorações.

Getúlio busca uma aliança com os comunistas, dando uma forte guinada para a esquerda.

Os comunistas, no entanto, lembram as perseguições que lhes infringira por ocasião do golpe de estado de 1937, como por exemplo o caso Olga[66], e rejeitam qualquer aliança com o ditador.

---

[66] Olga era companheira do líder comunista Luiz Carlos Prestes; o governo nazista solicitou sua extradição, que concedida, significaria uma sentença de morte, pois além de comunista Olga era de origem judaica; a extradição tornou-se mais desumana, pois Olga estava grávida; Getúlio concedeu a extradição num ato brutal e amoral. Após a extradição, Olga trabalhou como escrava e depois foi morta no campo de extermínio de Bernburg. Sua filha no entanto sobreviveu.

Getúlio tenta aliviar a pressão abrindo o regime, promulgando decreto em 10 de outubro, remarcando eleições para governadores dos estados em um mês, 10 de novembro; prazo sem sentido para a realização de uma eleição envolvendo registro de candidatos, campanha eleitoral, regularização de títulos eleitorais, etc.

Nada disso adiantou e, em 29 de outubro de 1945, o rádio noticiava no mesmo "Repórter Esso":

"Renunciou o presidente Getúlio Vargas.

A decisão presidencial foi anunciada depois que forças da vila militar, sob o comando do General Renato Paquet, avançaram pela rua Paiçandu, rumo ao Palácio Guanabara.

Assumiu o governo o Ministro José Linhares, presidente do Supremo Tribunal Federal".

— • —

O moço alegrou-se sobremaneira com a queda da ditadura; o povo brasileiro na sua maioria estimava Getúlio Vargas como pessoa, porém detestava o regime político que ele instalara; Neco não gostava nem da pessoa nem do regime.

Na sua energia juvenil, associava a Ditadura Vargas a toda truculência que havia sofrido com o isolamento compulsório, à hipocrisia dos governantes, à omissão da justiça.

Quanto a Getúlio, conforme foi revelado pelo plano espiritual, meio século depois, sofreu muito com a perda do cargo em virtude do orgulho ferido. Curiosamente, o que mais o humilhou foi dizer à família que deveriam abandonar o palácio presidencial.

Porém, no plano espiritual, após muitos sofrimentos e reflexões, o ex-presidente concluiu: o fim da ditadura foi uma manifestação da misericórdia divina, não apenas para o povo, mas também para ele, evitando que praticasse maiores desatinos.

EFEITO DOMINÓ

No correr dos acontecimentos que marcaram o fim da ditadura Vargas, em outubro ainda, Fernando Costa pede exoneração do governo de São Paulo.

Em novembro, assume o governo do estado José Carlos de Macedo Soares, antigo mordomo do Hospital Guapira[67], conquanto algumas poucas fraquezas, homem de elevados cabedais culturais e morais, antigo companheiro de ideais de Emílio Ribas no projeto de Santo Ângelo.

José Carlos de Macedo Soares
Interventor, governou o Estado de São Paulo (1945-1946).

O governo de Macedo Soares toma, logo no seu início, várias decisões para melhorar a situação dos sanatórios:

• destina verba de três milhões de cruzeiros para melhoria da alimentação;

• diminui as restrições às visitas, dilatando dias e horários e permitindo a visita de amigos e de parentes menores;

• nomeia o médico Manuel de Abreu, que tornou a ser diretor de Santo Ângelo, para alegria de Neco e de muitos outros que tinham por ele especial apreço e recordavam-se da boa alimentação, das atividades físicas com os uniformes azuis e brancos e das decisões moderadas.

• ...

---

[67] O hospital Guapira, situado no Jacanã em São Paulo, dedicado aos leprosos, antecedeu Santo Ângelo; mais informações podem ser obtidas no *Buscando a Luz*, primeiro volume desta trilogia.

Despedida de Sales Gomes

Em seguida à queda da ditadura Vargas, o diretor do Departamento de Profilaxia da Lepra, Sales Gomes, após 14 anos no poder solicitou a aposentadoria, deixando o serviço público.

Com a saída desse personagem da vida de Neco, ele sai também de nosso romance.

Naquela época Neco não o via com bons olhos e essa foi a visão que o romance registrou.

Porém hoje tudo isso já passou. O Dr. Sales Gomes há décadas encerrou sua encarnação, indo para o plano espiritual, transformando-se no irmão Sales Gomes.

Resolvemos nos despedir dele com um texto de Macedo Soares, homem de profunda fé, historiador, experimentado no trato humano, membro da Academia Brasileira de Letras, que dizia coisas belas como estas:

"Tudo parece uma convulsão do materialismo científico, da luta dos egoísmos de classe, da fúria implacável de dominação. Mas à porta do deserto está a esfinge. Quando a interrogarem na linguagem que desvenda os mistérios da Criação, talvez surja nos horizontes do mundo a manhã radiosa da paz nos espíritos.

Vede bem, meus senhores: a paz nos espíritos é o fim dos fins.

— • —

A sociedade não deve ser organizada sobre elementos materiais, instrumentos de trabalho, meios de produção que evoluem e se transformam à vista; mas deve fundar-se sobre as exigências e aspirações da alma humana, que é a centelha divina crepitando eternamente no mundo".

— • —

Esse mesmo Macedo Soares concedeu a Sales Gomes o título de "Servidor Emérito" num decreto com os seguintes dizeres, que fica aqui como despedida do irmão Sales Gomes; orem por ele.

DECRETO-LEI N. 15.295, DE 11 DE DEZEMBRO DE 1945

— Concede o título de Servidor Emérito ao dr. Francisco de Sales Gomes Junior.

O INTERVENTOR FEDERAL NO ESTADO DE SAO PAULO, no uso de suas atribuições, considerando que o dr. Francisco de Sales Gomes Junior serviu, durante mais de 35 anos, com dedicação e eficiência, o Estado de São Paulo, em postos da maior relevância, desde o de inspetor do Serviço Sanitário até os de Diretor da Secção de Epidemiologia e Profilaxia Gerais, Diretor Geral do Serviço Sanitário, que ocupou três vezes, Diretor Geral do Serviço Sanitário, que ocupou três vezes, Diretor Geral do Departamento do Serviço Social, que ocupou duas vezes, Diretor Geral do Departamento de Profilaxia da Lepra, que exerceu em caráter efetivo, e Secretário de Estado da Educação e Saúde Pública, que desempenhou três vezes;

— considerando que, além do relevante serviço prestado em todos esses cargos, fez parte de diversas comissões oficiais, tais como a Comissão Consultiva do Departamento de Educação Física, a Comissão de Assistência Social, a Comissão de Reajustamento dos Vencimentos do Funcionalismo Público, a Comissão Elaboradora do Formulário Médico Oficial, a Comissão de Reorganização dos Serviços de Proteção e Assistência à Maternidade, à Infância e à Juventude, e a Comissão Estadual de Fiscalização de Entorpecentes em São Paulo, da qual foi presidente;

— considerando que a sua participação em várias campanhas sanitárias, contra a varíola, o impaludismo e a febre amarela lhe valeram o elogio de reputados higienistas;

— considerando que, em consequência da atividade por ele desenvolvida à frente dos serviços de profilaxia da lepra, no combate ao mal de Hansen con-

seguiu, em São Paulo, organização modelar, reconhecida como tal em todos os círculos especializados do mundo;

— considerando que o trabalho realizado pelo eminente servidor não raro lhe exigiu, por sua própria natureza, sacrifícios que redundaram em benefício da sociedade, de cuja saúde foi indefeso guardião;

— considerando que no árduo posto de Diretor do Departamento de Profilaxia da Lepra, a que deu renome internacional, e que tem servido como escola de formação de novos especialistas, e de aperfeiçoamento de técnicos nacionais e estrangeiros, o notável médico serviu, por dilatado período de tempo, sem qualquer gratificação especial relativa ao permanente risco inerente ao cargo, gratificação essa que só muito recentemente foi instituída, pelo Decreto 15.019, de 6 de setembro de 1945, instituída, pelo Decreto 15.019, de 6 de setembro de 1945,

Decreta:

Artigo 1.° — Em reconhecimento dos relevantes serviços prestados à administração pública pelo Dr. Francisco de Sales Gomes Junior, ex-diretor do Departamento de Profilaxia da Lepra, fica concedido a esse eminente especialista o título de Servidor Emérito.

Parágrafo único — Ao Departamento do Serviço Público caberá expedir ao interessado uma certidão especial, correspondente ao título que lhe é conferido por este decreto-lei.

Artigo 2.° — Este decreto-lei entrará em vigor na data de sua publicação, revogadas as disposições em contrário.

Palácio do Governo do Estado de São Paulo, em 11 de dezembro de 1945.

Jose Carlos de Macedo Soares

Fernando Costa

Fernando Costa morreu em janeiro de 1946, num acidente de automóvel. Seu nome ficou em muitos logradouros públicos, nas diversas cidades do Brasil.

Em São Paulo um é muito especial: o "Parque Fernando Costa", com suas árvores frondosas e suas construções da década de 1940, também conhecido como "Parque da Água Branca".

Manoel de Abreu

O Dr. Manoel de Abreu retornou à direção de Santo Ângelo, o que deixou Neco muito feliz, tendo as mais gratas recordações do médico e de sua gestão à frente do hospital.

Reformou os pavilhões, regularizou o abastecimento de água e instalou chuveiros elétricos.

Aos 20 anos Neco experimentou o prazer de tomar um banho de chuveiro quentinho, pela primeira vez na sua vida.

A comida melhorou, novamente princípios de higiene passaram a ser seguidos.

Souza Lima

Prosseguiu nos seus experimentos e na sua cruzada de divulgação da sulfonoterapia no Brasil.

Participou da II Conferência Pan-americana de Lepra realizada no Rio de Janeiro, em outubro de 1946.

Na Comissão de Terapêutica, foram apresentados trabalhos referentes à sulfonoterapia, envolvendo 632 casos:

- Faget, de Carville
- Souza Lima e Gil Cerqueira, do Padre Bento
- Braga, de Santo Ângelo
- Diniz, de Minas Gerais
- Fernandez e Shujman, da Argentina
- Mon, da Costa Rica

Faget exibiu para o congresso a impressionante coleção de slides fotografados pela irmã Hilary Ross, com situações de "antes e depois" do tratamento.

Apesar da exposição de conceituados pesquisadores como Faget e Souza Lima, houve forte reação da classe médica contra a aceitação da sulfonoterapia.

Nas resoluções do congresso foi aprovada uma tímida referência à sulfonoterapia:

"Os medicamentos sulfônicos têm ação terapêutica eficaz na lepra lepromatosa, a melhora com este tratamento é progressiva e parece em direta proporção com a duração do tratamento e a intensidade das doses toleradas pelos pacientes. ... um número pequeno de casos foram tratados, para aprová-las definitivamente como agente quimioterápico da lepra..."

Por que isso? Seria porque toda a estrutura de tratamento da hanseníase estava orientada ao fato de a lepra ser incurável, e a cura desmontaria essa estrutura? Reação a coisas novas? Desconfiança em virtude das muitas novidades de tratamento que surgiam e que o tempo demonstrava inócuas?

Porém entre aqueles que haviam experimentado a sulfonoterapia, havia unanimidade quanto a sua eficiência no tratamento da doença, estimulando Souza Lima e outros a continuarem sua luta.

A SULFONOTERAPIA

Conceição tomou conhecimento do Promim e da Diazona, que Souza Lima experimentara, e entendeu que a necessidade fundamental era a cura por meio da sulfonoterapia.

Porém o medicamento era caro, o tratamento longo, durando anos, e os doentes na sua esmagadora maioria não podiam comprá-lo.

Conceição fez campanha por meio do recrutamento de "padrinhos", pessoas beneméritas e abastadas que assumiam o compromisso de arcar com os custos do tratamento de seu "afilhado".

Conseguiu alguns, mas face aos numerosos internos, os resultados eram insignificantes.

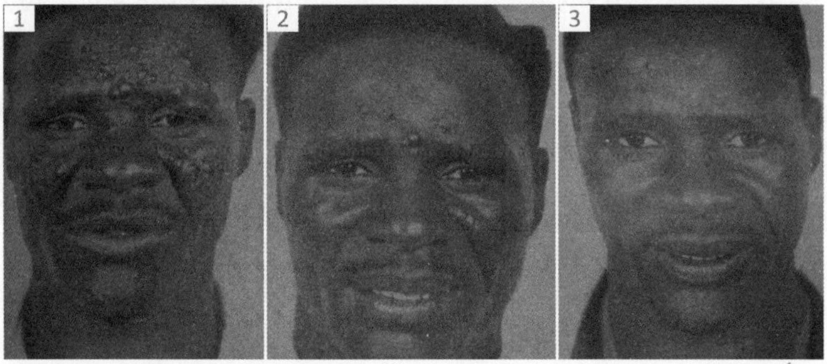

Evolução do tratamento da lepra
Fotos do Dr. Lauro de Souza Lima mostrando:
1) O doente antes do tratamento;
2) Nove meses em tratamento;
3) Após 15 meses de tratamento.
A baciloscopia continua positiva. Observem a mudança de expressão evoluindo para contentamento e serenidade.

CONCEIÇÃO SE ESTRUTURA

Conceição, percebendo que necessitava de uma base institucional, tomou duas decisões nesse campo:

Fundou a "Associação Paulista de Assistência ao Doente de Lepra", que presidiria por mais de 30 anos.

Articulou sua campanha para Deputada Estadual, baseando-a no apoio dos familiares dos doentes, pois naquela época os internos, em virtude do isolamento compulsório, estavam impossibilitados de votar.

A volta de Virgílio

Em novembro de 1946, o professor Virgílio Quáglio, o homem sorridente da infância de Neco e fundador do Centro Espírita João Cândido, após sofrimentos atrozes e intensa atividade no bem, entregou a sua alma a Deus.

De volta ao mundo espiritual sua alma desabrochou em alegria inaudita, agradecendo a Jesus a oportunidade de quitar-se com a justiça divina e galgar mais altos degraus de evolução, como bem expressa nesse poema ditado por meio da psicografia de Waldo Vieira:

Musa Inspiradora[68]

Abençoada sejas, lepra santa,
Que destes o caminho belo e puro
A tanta paz, a tanta bênção, tanta
Que choro de alegria ante o futuro!

Se contigo marchei, trazendo a manta
De ulceração e sombra, em trilho escuro,
Meu coração agora se levanta
Qual flor desabrochada no monturo!...

Ó lepra amiga, musa inspiradora!
Onde iria a minh'alma se não fora
O teu gládio de dor que nos consterna?

---

[68] Poema transmitido pelo Espírito de Virgílio Quáglio e recebido por Waldo Vieira, constante de *Antologia dos Imortais* – FEB.

Deus te abençoe a mão triste e cansada

Com que me abriste a porta da alvorada

Para as visões da luz na vida eterna!...

O ex-governador do Grão-Pará[69], desta feita, deixava a terra como um vencedor; os ideais de liberdade, igualdade e fraternidade haviam triunfado, não em pelejas verbais, ou na política partidária, mas dentro dele mesmo.

Com o auxílio da enfermidade física, libertara-se das enfermidades morais; não mais o orgulho e a vaidade tentando sobrepor-se aos demais, mas a sincera humildade cristã igualando-o aos seus irmãos em humanidade; não mais as cadeias da ambição, mas um desprendimento que o libertava das amarras materiais; não mais a postura egocêntrica, mas um amor universal e fraterno por todos, amigos e inimigos.

Palavras do Benfeitor Espiritual

José Augusto de Oliveira, espírito protetor de Zezé de Jesus que acompanha a vida de Virgílio no plano espiritual, deu as seguintes informações sobre suas atividades:

"Diante do quadro de refazimento moral e espiritual, os corações devotados ao bem e cheios de compaixão se emocionam e dirigem a Deus suas preces fervorosas, implorando por aqueles que se debatem na dor, na loucura, no abandono.

Nosso querido irmão Virgílio faz parte dessa legião de espíritos dedicados à causa de Nosso Senhor Jesus Cristo, tendo pedido para si a prova depuradora, sofrendo e exemplificando a confiança em Deus, que trazia em seu coração.

---

[69] Como já foi dito, Virgílio Quáglio foi em vida passada Francisco Xavier Mendonça Furtado, governador da Capitania do Grão-Pará na década de 1750. Para mais informações consulte o romance *Buscando a Luz*, primeiro volume desta trilogia.

Como criatura determinada ao bem, não poderia permanecer estagnado no plano espiritual.

Através do sofrimento construiu para si uma belíssima edificação moral, angariando de Jesus, seu exemplo maior, a permissão de amparar os que sofrem sem resignação, reencaminhando-os para as zonas de conforto conquistadas através da submissão à vontade de Deus.

É hoje, luz na vida de muitos que choram. É música suave acalmando os desesperançados; é poema de amor a Jesus, sussurrando aos ouvidos dos que são surdos de coração, a doce voz da humildade.

Sua presença luminosa exemplifica a submissão a Deus.

Seu devotamento à vontade de Nosso Senhor Jesus Cristo faz dele um embaixador da esperança.

Os que sofrem glorificando ao Pai desconhecem o desânimo. Ele foi capaz de transubstanciar a lepra em flores perfumadas, e é hoje esse perfume suave, regado com as lágrimas da renúncia, que ele exala a sua passagem.

Inspira os que sofrem para que creiam na bondade Divina. Sua presença suave, por si só torna-se um exemplo, pois que traz gravado em seu perispírito todos os sentimentos de gratidão que teve durante sua árdua jornada pelos caminhos dolorosos da lepra.

Nosso amigo é a constatação de que a fé, respeitando-se os quadros de nossas provações depuradoras, é a força que sempre nos há de curar.

Sua alma delicada conseguia entrever nas suas feridas do corpo físico a cura de seu espírito devedor.

Como Lázaro, retorna à vida agradecido e purificado, entoando hinos de gratidão profunda ao Pai que nunca o desamparou, que esteve presente em cada uma de suas feridas, na sua cegueira, nas suas lutas contra as dificuldades morais.

Em Deus está a conquista de sua grandeza.

Em Nosso Senhor Jesus Cristo está a certeza de que sempre valerá a pena ser resignado e paciente, perseverante e humilde. Com Jesus iluminando os seus dias e amparando-o na longa noite de seu martírio, a vitória foi certeira.

E hoje, como todo espírito habituado ao trabalho e à luta, segue em caravanas do amor, espalhando as verdades espirituais.

Possa o Bom Deus nos presentear com o sofrimento necessário ao nosso aperfeiçoamento e possamos, como Virgílio, descobrir na dor a nossa iluminação.

Fiquem na paz que nos envolve a presença desse amigo de todas as eras.

Que assim seja.

José Augusto de Oliveira".

O Centro Espírita João Cândido prossegue

Com o desencarne de Virgílio Quáglio e a devolução de sua casa à administração do hospital, o "João Cândido" passaria a funcionar em diversas casas de adeptos até fixar-se na casa de Encio Gaitinha.

O velho companheiro das lutas, o ex-bispo do século 18, tomava novamente o encargo de substituir o ex-governador, não contando mais com suas cartas, mas com sua influência direta por meio da intuição mediúnica.

Eleitos

O médico Ademar de Barros, o mesmo que em 1938 tinha feito a visita a Santo Ângelo, voltou a dirigir o Estado de São Paulo, dessa feita não mais como interventor, mas como governador eleito. Isso não sensibilizou Neco.

Getúlio foi eleito deputado e senador em sete estados[70] e graças ao seu apoio o General Dutra conseguiu a presidência da república, demonstrando a retomada de sua enorme força política, apenas um ano após sua queda. Isso entristeceu Neco.

Conceição foi eleita deputada estadual pelo PTB com a quarta melhor melhor votação, 12.119 votos, e tomou posse em março de 1947; por alguma intuição desconhecida, os familiares dos hansenianos confiaram e votaram em massa naquela mulher controvertida. Isso alegrou sobremaneira Neco e a maioria dos internados; as suas vozes falariam por intermédio de Conceição e o poder seria obrigado a ouvi-los; a mordaça fora arrancada.

A Deputada Conceição

Conceição teve forte presença na Assembleia Legislativa do Estado de São Paulo.

De início, nesse ambiente muito adverso, cheio de brigas e estresses, ela por vezes se perdia na sua fala: primeiro batia, para diminuir a capacidade do adversário, depois se defendia; posteriormente, se fosse

[70] Naquela época era permitido a um candidato disputar à vários cargos; fosse a mesma função em estados diferentes, ou a funções diferentes num mesmo estado.

o caso, se desculpava e procurava consertar; com o tempo sua habilidade foi aumentando e tornou-se menos agressiva[71].

Todos paravam para ouvi-la, e a plateia era tocada quando ela se dirigia ao povo na defesa do doente desvalido, porque estava envolvida espiritualmente por espíritos fortes que queriam conduzir os acontecimentos na direção determinada por Deus, esbarrando entretanto em interesses políticos, que não daqueles doentinhos, escondidos em um cantinho, para que ninguém os visse.

A sua condição de convencimento derivava também da sua autoridade moral, que sobrelevava em muito os erros da vida atual.

— • —

Além de chamar a atenção das autoridades para os problemas dos doentes, foi fator decisivo para a aprovação de leis que levaram o estado a distribuir gratuitamente os remédios para cura da lepra a todos os internados dos diversos leprosários.[72]

Nas suas lutas conseguiu também condições de vida mais digna para os internados, realizando os sonhos de Emílio Ribas.

Apresentou quase 200 projetos nas duas primeiras legislaturas, na maioria destinados a aprimorar a saúde e a educação públicas.

— • —

Essas conquistas, como não poderia deixar de ser, foram muito sofridas para Conceição.

No Brasil de 1947 havia fortes preconceitos contra mulheres, atrizes, uniões fora do casamento, e Conceição era alvo de todos eles.

---

[71] Essas informações foram apoiadas em depoimento mediúnico de M. H.

[72] Em março de 1947, nos últimos dias de governo, Macedo Soares sancionou o decreto-lei 17.100 consignando em orçamento a expressiva importância de CR$ 14.000.000,00 destinada aos leprosários do estado, dos quais CR$ 5.000.000,00 para compra de sulfonas; posteriormente essas verbas foram replicadas para 1948. Essas medidas legais deveram-se em boa parte aos esforços de Conceição.

A única mulher deputada da Assembleia Legislativa enfrentava os mais variados problemas, desde ausência de sanitário feminino até a hostilidade frequente e manifesta de seus pares.

Muito agredida, por revelar a ineficiência do Estado, foi objeto de diversos processos, os quais enfrentou com seu destemor característico.[73]

Situação plena de sofrimentos, obrigada a calar, pois qualquer fraqueza que demonstrasse seria aproveitada para destruí-la.

TODOS TOMAM REMÉDIO

Em fins de 1947, os remédios chegaram aos sanatórios.

Uma enorme euforia tomou conta de Santo Ângelo, o clima mudou.

Em Santo Ângelo o sofrimento de cada um não se restringia às próprias dores; sofria-se por si mesmo e também sofria-se pelos outros, pelo amigo, pelo irmão, pela namorada, pela esposa, posto que, como explicitava Lauro Souza Lima: *"A lepromatose generalizada transforma o paciente em um verdadeiro farrapo humano, cegos, mutilados, à espera de que uma doença intercorrente, já que a lepra raramente o faz, venha dar-lhes fim aos padecimentos"*.

Naquele momento porém dava-se o contrário, alegrava-se pela própria cura e também pela cura dos outros internados, e isso era um círculo virtuoso que ia se expandindo cada vez mais, em emoções raramente experimentadas; não mais o temor de contágio, mas a satisfação pela alegria contagiante, que ia passando de um para outro.

A FILA DA ALEGRIA

A policlínica que não funcionava passou a funcionar a todo vapor; um enfermeiro marcava o nome das pessoas e quatro aplicavam; quem

---

[73] Processada por calúnia, solicitou a Assembleia que desconsiderasse a imunidade parlamentar e permitisse que ela se defendesse na justiça comum. Coisa que a Assembleia não permitiu temerosa que ela comprovasse a veracidade das suas afirmações, incriminando altas figuras da situação.

tinha veia boa tomava a injeção intravenosa, quem não tinha tomava em drágeas; às 10h30 concluía-se a aplicação, mas todos tomavam o remédio.

Neco, junto com os demais internados, encaminhava-se sorridente para receber a medicação às 8 horas da manhã, enfrentando as filas enormes, mas tudo era bom: a fila era oportunidade de conversar e sonhar.

Os enfermeiros, igualmente internos, recebiam a todos com bom humor e atenção.

Os doentes tomavam o remédio por três semanas, e na quarta todos paravam por uma semana; eram feitos exames de sangue e urina; a anemia, principal efeito colateral do medicamento, era controlada; a quantidade mínima de glóbulos vermelhos era de 4 milhões; se a pessoa estava dentro dos limites, na semana seguinte, na segunda-feira, continuava o tratamento; caso contrário passava a tomar comprimidos à base de ferro por três semanas e depois voltava ao medicamento.

No começo do tratamento havia um pequeno agravamento, um bom indicativo, pois significava que o medicamento estava agindo; entre 3 e 6 meses após o início do tratamento as lesões começavam a diminuir, devendo o tratamento prosseguir por alguns anos.

A FILA DA TRISTEZA DESAPARECE

Antes da medicação quatro enfermeiros começavam a fazer os curativos às 4 horas e iam até as 10 horas trabalhando; 6 horas quatro enfermeiros, todos os dias fazendo curativos.

Os doentes enfrentavam o frio da madrugada, formando longa fila, para receberem as bandagens.

Havia um rapaz, barbeiro, frequentador assíduo da fila da madrugada, que tinha tantos curativos na mão que não podia mais trabalhar, pois sequer conseguia segurar a tesoura. Com o remédio as feridas foram desaparecendo e ele passou a trabalhar normalmente.

— • —

Três anos depois do uso de sulfonas, desapareceu a fila da madrugada, pois quase não havia mais curativos a fazer, dada a regressão dos lepromas.

Era uma alegria no hospital, uma animação contagiante.

As cercas foram retiradas

Com a medicação não havia contágio; as tristes cercas de arame farpado foram abolidas e os internos passaram a ter livre acesso aos seus familiares.

O esvaziamento

A partir de 1948, os leprosários começaram a esvaziar-se.

Havia duas "portas de saída" dos leprosários:

• a primeira era a "transferência para o tratamento ambulatorial", ou seja, o doente ia para casa e continuava fazendo o tratamento num posto de saúde;

• a outra "porta de saída" era a "alta provisória", pois não havia condições administrativas para dar a "alta definitiva", que, por lei, exigia os tais 12 exames mensais negativos e consecutivos.

Em 1948, o número de "transferências para tratamento ambulatorial" já se elevou para 826 casos, enquanto as altas provisórias atingiam 170 casos registrados no Estado.

Esses números foram evoluindo rapidamente, de sorte que no ano de 1951 ocorreram 1.192 transferências e 1.322 altas; a população de internados nos leprosários já estava reduzida à metade.

Finalmente livres

Em 1951, Neco e seu irmão Zeca tiveram alta.

Saíram vitoriosos da luta contra a doença, embora restassem algumas sequelas.

Ao sentir-se curado, uma imensa gratidão invadiu o coração de Neco: como católico, que era na época, a sua gratidão se projetou em Deus, em Jesus, em Nossa Senhora e também em três figuras humanas: Faget, Conceição e Lauro de Sousa Lima.

Essas três pessoas permaneceriam vivas dentro dele. Sessenta anos depois, quando ele mencionava seus nomes, o fazia com emoção e entusiasmo.

Uma carta tocante

Em 1953, Lauro Souza Lima resolveu testemunhar por escrito seu apreço por Conceição, numa carta da qual transcrevemos alguns trechos.

As palavras do apóstolo do bem falam por si só:

São Paulo, 27 de julho de 1953

Exma. Sra. Deputada
Conceição da Costa Neves

A bem da verdade e cumprindo elementar dever de justiça, testemunhamos a V. Excia. os agradecimentos do Departamento de Profilaxia da Lepra do Estado de São Paulo, pelos numerosos benefícios que sua atuação na Assembleia Legislativa e, fora dela, como presidente da Associação Paulista de Assistência ao Doente de Lepra, tem proporcionado ao aperfeiçoamento de sua organização e à solução dos múltiplos problemas sociais inerentes a campanha de profilaxia da lepra.

Bastaria para consagrá-lo o pesado encargo, inteiramente sob sua responsabilidade, por intermédio da Associação de que é presidente, da recuperação social dos egressos de nossos sanatórios, até que consigam superar as dificuldades decorrentes do isolamento a que se submeteram, por força de lei, e as oriundas da reação do meio hostil a que retornam.

Mas há ainda uma legião de internados dos nossos sanatórios que auferem benefícios materiais, sob as mais variadas formas, distribuídos por V. Excia., notadamente o fornecimento de aparelhos ortopédicos de elevado custo e o suficiente para o sustento de suas famílias, deixadas na penúria, e a totalidade deles que recebe o conforto moral da certeza da sua paciente bondade para com eles e da sua irrestrita solidariedade.

Ao aperfeiçoamento da organização profilática do Estado, tem contribuído V. Excia. por meio de oportunas emendas aos orçamentos do Departamento e utilíssimos projetos de lei. Daqueles e destes, permita-me enumerar alguns dos que ocorrem no momento:

1) emenda dotando o DPL de Cr$ 15.000.000,00 para aquisição de medicamentos sulfônicos;

2) emenda destinando Cr$ 120.000,00 para assistência social aos menores internados no Sanatório "Padre Bento";

3) emenda destinando CR$ 120.000,00 para a assistência social aos filhos sadios dos internados, recolhidos ao Educandário de Jacareí;

...

5) emenda dotando o DPL de verba para acabamento das obras da cozinha geral do sanatório "Santo Ângelo" (Cr$ 2.000.000,00);

...

8) emenda que elevou de Cr$ 10.000.000,00 para Cr$ 12.000.000,00 a dotação para laborterapia;

...

13) emenda ao orçamento elevando os vencimentos dos trabalhadores doentes que prestam serviços ao Estado, aos sanatórios.

...

Transitam agora na Assembleia Legislativa 3 projetos de lei de autoria de V. Exa. de excepcional importância para o Departamento...

É-nos assim, fácil poder expressar a V. Excia. os nossos agradecimentos por essa valiosa cooperação que vem prestando ao departamento e reafirmar-lhe nossa integral solidariedade.

Aproveitamos o ensejo para saudá-la, muito cordialmente

Dr. Lauro de Sousa Lima
Diretor Geral

Conceição recebendo flores em Santo Ângelo
Homenagem dos internados.

Os caminhos da bondade divina

A afirmação "A lepra é uma doença incurável", caiu por terra, pois aqueles médicos que a faziam, de forma arrogante, não eram donos da verdade, como acreditavam; ignoravam a infinita misericórdia de Deus, e Deus é quem sabe o momento de sua misericórdia encontrar-se com a sua justiça.

E Deus escolheu outros médicos, como Faget e Souza Lima, para provarem que estavam errados e não devemos aceitar os problemas como eternamente insolúveis, e sim trabalharmos com constância e perseverança sabendo que o amor e o trabalho acabarão por solucioná-los.

— • —

Por que o Bom Deus havia escolhido aquela mulher, Conceição, para ser uma das chaves de sua misericórdia infinita junto aos milhares de internos dos vários leprosários do Estado de São Paulo?

Alguns dirão perplexos: não seria mais adequado alguém com um rótulo religioso, altamente considerado perante a opinião pública? Conceição não tinha um passado com atos condenáveis? Não estavam na memória do público seus escândalos? Como poderia ela ser uma enviada pelo Senhor?

Mas a razão nos diz: Conceição estava preparada para a tarefa. Era inteligente e extremante racional, tinha muita coragem e decisão, era muito difícil intimidá-la, conhecia as engrenagens do poder: seus abismos, sua lama e também os seus caminhos. Possuía uma bússola segura no seu coração: o sincero amor aos doentes desvalidos.

Certa feita, Nosso Senhor disse aos fariseus:

— *As prostitutas entrarão antes de vós no Reino dos Céus.*[74]

---

[74] Mateus, 21:31.

Deixemos por algumas páginas Neco entregue às alegrias da cura, voltemos no tempo e nos situemos em 1948.

Nessa época, o Centro Espírita João Cândido, fundado por Virgílio Quáglio, já estava com sete anos de existência profícua, mas ainda não tinha uma sede; funcionava na casa de Encio Gaitinha.

Encio era fiel e dedicado ao encargo que recebera de Virgílio, mas com o aumento dos frequentadores era cada vez mais difícil a realização das reuniões e das atividades assistenciais.

Urgia conseguir uma sede própria.

JULINHA KOHLEISEN

Mulher do tipo "mignon", delicada, alourada, certamente não se destacaria numa festa ou numa multidão. Desse-lhe porém o necessário espaço para apresentar a sua arte como declamadora e tudo se transformaria; emocionava e empolgava; os poemas de grandes autores, como por exemplo Guerra Junqueiro, pela sua voz e emoção enchiam-se de vida e não era raro ver olhos vermelhos nos que a escutavam.

Não era tanto a técnica que desenvolvera, ou os exercícios de educação da voz, que lhe davam força. O seu poder magnético, a transparecer na voz, advinha principalmente de um coração bondoso movido pelo desejo de levar consolação por meio das verdades simples da Doutrina dos Espíritos.

Julinha era uma verdadeira espírita, possuía especial carinho pelos leprosos.

Na primeira metade da década de 1940, contribuíra para a construção da sede própria da Sociedade Espírita Santo Agostinho, edificada no Asilo Colônia de Pirapitingui, colaborando com Jésus Gonçalves, espírita, poeta de escol, hanseniano internado naquele leprosário.

Julinha também serviu de intermediária entre Jésus Gonçalves e Chico Xavier, permitindo a troca de valiosa correspondência entre os dois, enquanto Jésus Gonçalves estava encarnado.

À guiza de retrato desse doce anjo, que passou pela terra, espargindo bondade e fé, transcrevemos um soneto transmitido pelo espírito de Jésus Gonçalves, por meio do médium Chico Xavier endereçado a Julinha.

Versos para Julinha

Não desprezes, no mundo, filha amada,
Nosso caminho de aflitivas dores...
Em nossa cruz de braços redentores
Brilha a excelsa esperança da alvorada!...

Cultiva sempre a Fé por onde fores
E, ainda mesmo sozinha e fatigada,
Serve a Glória do Bem na Grande Estrada,
Onde o Amor guarda ocultos resplendores!...

Hoje, louvo as angústias e feridas
Com que lavei meus erros de outras vidas,
Aos teus sorrisos de consolação.

E repito-te, em pranto de saudade
— Deus te abençoe, meu anjo de bondade,
Filha Querida do meu Coração!...

— • —

Julinha também participou das atividades do Centro Espírita João Cândido, fundado por Virgílio Quáglio, por muitos anos, ocupando o cargo de fiscal geral, responsabilizando-se pela lisura do centro, tanto na parte doutrinária quanto administrativa.

Uma de suas contribuições foi participar da reforma do estatuto que passou a ser explicitamente Kardecista, redefinindo suas finalidades:

• o estudo da Doutrina Espírita coordenada por Allan Kardec visando ao aperfeiçoamento espiritual de seus associados;

• a realização dos preceitos evangélicos;

• a fraternidade humana.

— • —

Tendo experiência, advinda da participação na construção da sede própria Sociedade Espírita Santo Agostinho no Asilo Colônia Pirapitingui, Julinha liderou uma campanha para levantar os fundos necessários para a compra do material para a construção da sede do Centro Espírita João Cândido de Santo Ângelo.

Dispondo do material, em 1952, os próprios internos, liderados por Encio Gaitinha, assumiram a mão de obra da construção, relativamente pequena: um salão de 70 m^2, sanitários masculino e feminino, um sala para a secretaria e outra de espera; 130 m^2.

Em virtude da insensibilidade nas mãos em muitos ex-hansenianos, era comum se machucarem com as ferramentas, misturando por vezes seu sangue aos materiais de alvenaria; podemos dizer com duro realismo que a sede do João Cândido foi erguida com suor e sangue dos internados.

Embora a sede tenha custado grandes sacrifícios para o pequeno grupo, é difícil descrever a emocionada alegria daqueles poucos homens e mulheres, quando depois do árduo trabalho contemplaram a sede pronta.

Um misto de gratidão aos benfeitores espirituais, sentimento de dignidade pelo trabalho realizado, esperança de continuarem contribuindo com a causa de Jesus, porque indiscutivelmente a sede trazia estabilidade e independência ao centro; o contentamento de poder afirmar de público a sua fé, que saía do ambiente particular da casa de Encio; finalmente a dilatação das práticas de caridade, possibilitada pela nova construção.

— • —

Não esmoreças no bem

Nos dias de sombra e prova,

Quem trabalha acha em si mesmo

A força em que se renova.[75]

O entrave

Porém precisavam de autorização da direção do hospital para pôr em funcionamento a nova sede.

Nesse ínterim foram abertos vários processos para impedir a inauguração da sede, movidos principalmente por pessoas ligadas à Igreja Católica, possuidores de uma visão sectarista da fé.

E a alegria se transformou em expectativa, a dignidade em frustração, o contentamento em tristeza.

Herculano Pires

Julinha saiu em busca de Herculano Pires, para auxiliá-la.

Nascido em 1914, a essa época Herculano Pires tinha 38 anos. Era jornalista dos Diários Associados, uma das empresas da grande rede

[75] Sílvio Fontoura – *Paz e Alegria* – Chico Xavier – GEEM.

de comunicação liderada por Assis Chateaubriand, constituída de jornais, revistas, emissoras de televisão e rádios.

Herculano havia iniciado a sua atividade literária aos 16 anos e tornara-se espírita aos 22; escritor espírita, talvez essa seja uma das suas principais características.

Como todo ser humano, era uma mescla de luzes e sombras, porém com muito mais luzes que sombras.

Nas sombras: talvez uma agressividade desnecessária da defesa das ideias espíritas e certa falta de compaixão com aqueles que não compreendiam a mensagem espírita.

Na luz: um operário incansável na difusão das ideias do bem, da beleza e da verdade; um apreço natural pela caridade moral e material.

Nunca foi rico materialmente, pois embora com ganhos de classe média, tinha muitos dependentes; além dos próprios filhos, assumiu os irmãos menores da esposa, que o chamavam de "pai". Chegou a ter 12 pessoas vivendo na sua casa.

Mas a melhor definição para Herculano, no nosso entendimento, é "semeador espírita".

José Herculano Pires
Divulgador do espiritismo.

Semeou livros, cerca de 80; semeou matérias de jornal; semeou palestras; semeou programas de rádio; nem tudo foi primoroso, mas a maioria foi bom; nos livros se destacam aqueles em parceira com o Chico.

Levava a sério o "fora da caridade não há salvação"; era de uma compaixão não suposta num intelectual combativo. Sua filha narra que certa feita, encontrando na rua um sapo enfermo, compadeceu-se e levou-o para casa, tratou dele por vários dias; eram notáveis suas campanhas para angariar brinquedos para crianças pobres.

O TRABALHADOR ASSUME MAIS UM TRABALHO

Nesses idos de 1953, enquanto a sede João Cândido está encalhada nas engrenagens da burocracia, Herculano Pires cuida da extensa família; trabalha nos Diários Associados; participa do Clube dos Jornalistas Espíritas; dirige o jornal "O Kardecista", escreve um romance: Barrabás; apoia diversas sociedades espíritas; promove palestras; ....

Mas sensível aos fatos narrados por Julinha, Herculano resolve trabalhar mais um pouco e, inteirado da situação do João Cândido, faz uma peregrinação por repartições públicas tentando resolver o problema.

É de admirar-se um homem com tantos afazeres falando com chefes de gabinete, marcando audiências e caminhando daqui para lá, no auxílio a um pequenino centro de Mogi das Cruzes.

Mas vejamos a situação na palavra do próprio Herculano Pires, em artigo publicado em 3 de maio de 1953 no "Diário de São Paulo", jornal de grande circulação na época.

Domingo, 3 de maio de 1953

Não se pode negar aos internados o conforto da sua crença religiosa

A vida dos internados por motivo de doenças contagiosas como as vítimas do mal de Hansen decorre entre as limitações dolorosas decorrentes do isolamento forçado. Viver distante dos entes queridos, dos amigos, do convívio comum e natural dos semelhantes, é um triste castigo, que as autoridades devem procurar amenizar, por todos os meios possíveis. Já basta aos internados, as agruras da moléstia e do próprio isolamento. Sobrecarregá-los com outros desgostos e aborrecimentos desnecessários e sem motivos, é simplesmente desumano.

Entre as poucas alegrias que restam aos que se recolhem a um leprosário está a conservação da prática da crença religiosa que esposaram. É uma alegria interior, que lhes dá forças para suportar os sofrimentos, enfrentar com elevação e serenidade as mais difíceis situações. Por isso mesmo, o respeito às convicções religiosas, que a Constituição da República estabelece para todos os cidadãos, torna-se muito mais imperiosa, no âmbito de um leprosário.

O Departamento da Lepra em nosso Estado tem sabido compreender isso, observando escrupulosa imparcialidade nos asilos colônias, onde tanto o católico, o protestante, como o espírita, ou qualquer outro religioso, pode praticar livremente o seu culto e os seus estudos religiosos. Não obstante, como para empanar o brilho dessa diretriz humana e justa, surge o triste episódio do Asilo Colônia Santo Ângelo, onde os doentes espíritas estão submetidos ao vexame de não poder inaugurar a sede do Centro Espírita João Cândido, interditada por um diretor substituto, logo após o término de sua construção.

Por que não podem os doentes espíritas de Santo Ângelo praticar livremente a sua religião? Estivemos no Departamento da Lepra encontrando a maior boa vontade da parte de seu diretor, sr. Sousa Lima, bem como do atual diretor do asilo colônia, sr. Renato Pacheco Braga. Ambos compreendem a situação de constrangimento injusto em que vivem os asilados espíritas, mostram-se dispostos a atender as suas reivindicações, mas nada podem fazer de positivo e de imediato, porque vários processos correm na Secretaria da Saúde, embaraçando-lhes as providências. Segundo pudemos constatar a solução desse doloroso caso encontra-se nas mãos do sr. governador do Estado, de quem depende o despacho humano e cristão que os doentes espíritas estão esperando.

Os processos a que nos referimos nada contém de especial, nenhuma acusação séria que pudesse dar motivos à interdição do Centro Espírita.

Um deles, segundo soubemos, baseia-se em supostas atividades políticas de alguns doentes espíritas em favor de um parlamentar paulista[76]*. Mas, nessas atividades, como é sabido, estiveram envolvidos doentes de todas as crenças e não se pode negar a nenhum deles o direito de ter ideias e opiniões perfeitamente legais.*

Outro processo mais elucidativo refere-se a propriedade dos terrenos do asilo que pertencem a uma associação assistencial de caráter religioso[77]*.*

---

[76] Conceição da Costa Neves.

[77] Santa Casa de Misericórdia.

E outro apenas aos pedidos insistentes dos doentes espíritas de abertura do Centro Espírita João Cândido, para que possam praticar livremente a sua religião.

Não podemos concordar com a impiedade dessa situação e dirigimos nosso apelo ao sr. governador do Estado, ao sr. Secretário da Saúde e aos srs. diretores do Departamento da Lepra no sentido de solucionarem esse angustiante problema o quanto antes, em nome dos princípios humanitários que sempre nortearam as atividades daquela repartição.

Irmão Saulo

Outros se solidarizam

O artigo de Herculano despertou outras instituições espíritas, especialmente a USE (União das Sociedades Espíritas) e a FEESP (Federação Espírita do Estado de São Paulo), que concitaram os espíritas a diligenciar junto às autoridades, especialmente o governador, para que a sede do Centro Espírita João Cândido fosse inaugurada.

As pressões deram resultado, e o funcionamento da sede foi autorizado pelo governador do Estado, Lucas Nogueira Garcez.

A inauguração

Domingo, 13 de setembro de 1953

Foi finalmente inaugurada a sede do Centro Espírita João Cândido.

O pequeno pátio em frente do centro ficou tomado de automóveis; personagens ilustres do movimento espírita, como Julinha, Herculano Pires, Pedro de Camargo, Campos Vergal, Jorge Rizinni e outros compareceram.

Foi uma festa.

Centro Espírita João Cândido
Foto tirada em 2011, a sede do Centro não sofreu modificações nesses quase 60 anos.
Foto: Alessandro Amaral

DÍVIDAS

O padre Antônio Vieira, nos idos de 1655, pregou um sermão sobre a parábola do semeador enunciada por Jesus.[78]

Nesse sermão Vieira se reporta especialmente aos pregadores do Evangelho no Maranhão e diz que no seu julgamento se contarão as sementes lançadas, mas também lhes contariam os passos nas duras caminhadas pelas florestas, onde muitos missionários sofreram tudo o que a semente evangélica sofreu, pois houve missionários devorados pelos índios, pisados pelos homens, mortos de sede e de fome, sufocados pelos rios caudalosos.

A justiça divina contou as palavras de luz transmitidas por Herculano e por Julinha, e certamente terá contado também seus pas-

---

[78] A parábola do semeador: Jesus narra a seguinte história: Aquele que semeia saiu a semear; lançou a semente em quatro locais: uma parte da semente caiu numa estrada e os homens a pisaram e as aves do céu a comeram; outra parte caiu nas pedras, nasceram e cresceram mas como não puderam lanças raízes, morreram; algumas caíram no meio dos espinhos, nasceram, mas os espinhos a mataram; finalmente a última parte caiu na terra boa onde deram muitos frutos. E Jesus esclareceu que os diversos tipos de solo correspondem aos corações humanos: a estrada são os que não compreendem; as pedras são os corações duros que não suportam sacrifício, os espinhos são aqueles dominados pelo apego às coisas materiais, a boa terra são os bons corações que ouvem a palavra e a praticam.

sos, nas suas andanças caritativas; inclusive deverá estar registrado em algum cantinho dos livros celestes os passos de Julinha e Herculano nas caminhadas pelas repartições em auxílio aos espíritas de Santo Ângelo.

Se não enfrentaram os perigos que os missionários do Maranhão passaram, ao caminhar pela Floresta Amazônica, enfrentaram a fadiga de assumirem mais um trabalho nas suas vidas já tão atarefadas.

Por vezes nos impressionamos com o heroísmo espetacular, aquele que dura alguns minutos, no qual o herói arrisca a vida para beneficiar alguém; é bom valorizarmos esses atos de desprendimento; mas é de mais valia esse heroísmo diligente e humilde arrastando-se por décadas, feitos de milhares de pequenos sacrifícios; quantos gestos como esse, referente ao Centro Espírita João Cândido, terão feito Herculano e Julinha nos seus muitos anos de dedicação intensa à prática da caridade?

— • —

Temos dois tipos de dívidas: as dívidas más oriundas das coisas ruins que fazemos e as dívidas boas, que são as dívidas de gratidão pelos benefícios recebidos, pois a cada crédito na contabilidade corresponde um débito; aos créditos de Herculano e Julinha corresponderão a dívida de gratidão, devida por todos os espíritas e pela sociedade em geral a esses operários da palavra, inclusive por aqueles, de alguma forma, beneficiados pelo Centro Espírita João Cândido.

Neco, na época, não era espírita, a inauguração da sede sequer ficou registrada na sua memória, mas ao recordar a figura de Herculano e Julinha, ambos agora no plano espiritual, uma doce emoção o invade, a doce emoção de saber-se amado por pessoas que demonstraram esse amor em fatos concretos, contribuindo com uma adequada oficina espírita cristã, onde trabalharia mais de quarenta anos.

— • —

Muitos contribuíram para que o Centro Espírita João Cândido tivesse uma sede própria. A maior soma de trabalho foi desenvolvida no mundo Espiritual, e o principal trabalhador foi Jesus, não duvidemos disso; na carne, destacaram-se os associados do centro, e outros colaboradores, todos credores da nossa mais terna dívida de gratidão, mas fica registrado aqui com, enfático carinho, os nomes de Herculano Pires e Julinha Kohleisen.

—•—

Quem se entrega às boas obras,
Não sofre como se diz.
Quanto mais luta e trabalha,
Tanto mais se vê feliz.[79]

[79] Sílvio Fontoura – *Paz e Alegria* – Chico Xavier – GEEM.

Adelaide e Paulo

Quando mencionamos Adelaide pela última vez, corria o ano de 1944. Ela estava casada com Paulo, embora não morassem juntos; ela morando com a Noca, esposa do Encio Gaitinha, e ele morando num Pavilhão de acamados já num estado adiantado da moléstia.

Retomemos à narrativa...

Mas as coisas foram melhorando. Paulo, embora estivesse muito doente não morreu, conseguiram uma casinha, a sulfona chegou, ela e Paulo responderam muito bem ao tratamento.

Algumas operações plásticas, se não recriaram o moço bonito que arrancava suspiros, devolveram-lhe uma aparência aceitável, apesar da cegueira e da perda das pontas dos dedos.

Quanto a ela, curou-se mantendo muito poucas sequelas; dispunha de mão e pés perfeitos, a vista era boa, ninguém diria que teve hanseníase.

Tiveram a alegria da alta médica; tiveram também a alegria de superarem a prova; Adelaide, principalmente, provou que seu amor por Paulo era real e profundo.

— • —

Continuando muito ligada a Encio Gaitinha, dedicado trabalhador do Centro Espírita João Cândido, Adelaide ia eventualmente às reuniões, coisa de poucas vezes ao ano, não deixando porém de comparecer às festas de comemoração de aniversário do centro em junho.

Na inauguração da nova sede estava lá e, daquela data em diante, passou a frequentar regularmente as reuniões.

Lia também alguns livros espíritas, dado o seu jeito doce de ser; os prediletos eram os poemas de Maria Dolores e as mensagens de Meimei.

Compreendeu as leis de causa e efeito, de evolução, e empenhou-se numa atitude de coragem: já que era para pagar suas dívidas com relação a justiça divina, decidiu pagá-las com alegria.

— • —

O casamento de Adelaide com Paulo foi uma união feliz, baseada no amor, no companheirismo, no respeito.

Como as famílias não podiam ajudar, por serem pobres, tiveram ideia de vender alguns salgados na entrada do cinema.

Adelaide fazia pipoca, amendoim torrado, paçoca, tudo muito bem feito, e acomodava os salgados numa cesta bem bonita, pintada de branco.

Três vezes por semana Paulo, cego, ia com a cesta, tateando com a bengala; quando se aproximava do cinema sempre havia alguém para ajudá-lo; era conduzido até uma cadeira perto da entrada do cinema e lá fazia seu comércio; voltava sempre com a cesta vazia; vendia tudo.

Esse "vendia tudo" despertava um certo orgulho em Adelaide, da sua competência como cozinheira e também de Paulo, pois mesmo rebaixado de chefe de enfermagem a pipoqueiro, manteve as antigas amizades, que o tratavam com carinho.

Não tiveram filhos em virtude da esterilidade provocada pela doença.

Financeiramente viviam sem sobressaltos, ganhava-se pouco mas viviam bem, pois não precisavam pagar nada, tinham moradia, água e luz; somente para os dois, dava.

Do ponto de vista espiritual eram felizes, segundo o que é permitido aqui na Terra; pois tinham o mais importante: amor, devotamento e lealdade, provados duramente nos sofrimentos, dando-lhes a certeza de serem amados e poderem confiar um no outro.

Do ponto de vista material, Deus lhes permitia uma vida pobre mas digna; o que mais poderiam desejar?

— • —

Podiam partir, pois estavam curados, mas resolveram ficar; ali tinham uma casa, um meio de vida, vários amigos, um lugar para praticar sua fé, e o que era muito importante para Adelaide: em Santo Ângelo ela estava próxima de Encio.

— • —

No seio das afeições
Conserva a paz que abençoa.
Quem ama efetivamente
Entende, ajuda e perdoa.[80]

Sílvio e Maria Aparecida

Sílvio, lembram-se dele? Adolescente na cerca olhando o pai, ambos chorando, pois bem, ao completar 22 anos, apaixonou-se por uma interna, filha de alemães: Maria Aparecida Stricke, também com 22.

A doença não marcou Maria Aparecida, ela é bonita, mãos e pernas fortes, prendada, senso de economia. O que Sílvio poderia decidir se não se casar?

Quem casa quer casa; procurou a prefeitura em busca de uma moradia; teve uma notícia desalentadora:

— Há 17 casais na fila esperando pela próxima casa que vague...

Inscreveu-se como o número 18.

Porém o pai o auxiliou financeiramente; Sílvio comprou uma casa quase em ruínas que ninguém queria; reformou-a; ficou confortável.

O pai comprou também os móveis e os demais utensílios e aparelhos eletrodomésticos, e o caminhão da Caixa Beneficente trouxe a mobília.

---

[80] Casimiro Cunha – *Paz e alegria* – Chico Xavier – GEEM.

Detalhe interno de casa da colônia em Santo Ângelo
Sílvio não viveu nessa casa, mas a sua era semelhante.

Tudo está pronto: sonhos, alegria, entusiasmo.

Manhã ensolarada, sábado, 25 de maio de 1945; casam-se no civil às 10 horas, na Igreja de Santo Ângelo, ao cair da tarde.

Não há festa, mesmo porque no Asilo vigora ainda o isolamento e as visitas não podem entrar, mas Sílvio compra uma leitoa e cinco frangos para que os amigos participem.

Lembra-se das crianças internadas, e para acrescentar alegria ao seu casamento, compra 150 doces e distribui metade para as meninas e metade para os meninos.

Na intimidade de sua casa, tinha toda a liberdade, esquecendo-se por vezes que estava num hospital de isolamento.

Foi um casamento feliz, baseado no amor.

Com a cura, terminou o isolamento, Sílvio preferiu ficar na sua casa no hospital; vez por outra saía a passeio para visitar os parentes.

As sequelas da doença impediram a bênção dos filhos, porém, aos fins de semana a casinha que o pai, já falecido, comprara em Santo Ângelo, enchia-se de irmãos e sobrinhos atraídos pela saborosa macarronada feita com capricho por Maria Aparecida.

O afeto entre Sílvio e seus irmãos e irmãs suportara vitorioso os anos de sofrimento e permitia, agora, em paz, a alegria do convívio.

João e Elisabete

Já com 35 anos, João o irmão mais velho de Neco, casou-se em 1951.

Foi um casamento feliz. Vez por outra, Elisabete vinha visitar os cunhados na companhia dos sogros Luiz e Maria Custódio.

João jamais veio, em virtude de sua dificuldade em conviver com o pai.

Elisabete era uma boa moça, gentil, atenciosa.

Logo após o casamento ficou grávida, dando à luz Cecília Maria; dois anos depois, teria uma segunda menina.

Elisabete ligava-se mais a Aldinha que aos dois irmãos.

Com as gestações seguidas, e depois da morte de Alda, as visitas se espaçaram muito, mas ainda viria uma vez ou duas.

O moço alegrava-se com o crescimento da família.

DEFICIENTE VISUAL

Em virtude da hanseníase o olho tornara-se insensível; certa vez manejando uma faca, cortando um barbante de uma saca, ao preparar as cestas de mantimentos que levava até as casas, Neco feriu o olho direito com a ponta da faca; só veio a perceber quando o sangue correu pela face; felizmente, não perdeu o olho direito com esse ferimento.

O olho esquerdo, o moço perdeu sem saber como. Somente sabe que um dia descobriu não possuir mais visão no olho esquerdo.

— • —

Por volta de 1950, enquanto Neco fazia o tratamento da hanseníase por meio da sulfonoterapia, passou a notar um embaçamento na vista.

O Asilo Colônia de Pirapitingui possuía todo um pavilhão dedicado às clínicas de otorrinolaringologia, oftalmologia e odontologia. A oftalmologia era dirigida pelo Dr. Milton, um médico notável na especialidade.

Nessa mesma época, foi transferido um casal de Pirapitingui para Santo Ângelo; o marido, Mario, havia trabalhado por anos com o Dr. Milton, como enfermeiro.

Neco ficou amigo de Mario e pediu-lhe que fizesse um exame nos seus olhos.

Mario fechou as venezianas da enfermaria, ficou escuro, e munido de uma lanterna de pilhas, examinou o fundo do olho direito de Neco.

— Você está tomando remédios, está bem, mas no olho direito a sulfona não fará efeito, pois você tem uma catarata[81], e pelo que vejo é uma catarata bem complicada; você precisa ir ao oftalmologista.

---

[81] A catarata é uma patologia dos olhos que consiste na opacidade parcial ou total do cristalino, que é a "lente" dos olhos, situando-se logo atrás da pupila. Tipicamente, apresenta-se como embaçamento visual progressivo que pode levar à cegueira ou à visão subnormal.

A bactéria não estava mais lá, mas deixara seu rastro, enfraquecendo as estruturas do olho e proporcionando o surgimento da catarata.

O oftalmologista confirmou o diagnóstico e tentou operar a catarata no olho direito, mas não foi possível sua retirada[82].

A luz entra no olho, pela pupila, o buraquinho negro que existe no centro da íris, a parte colorida do olho.

A catarata estava logo atrás da pupila, impedindo a entrada de luz. O oftalmologista realizou então uma iridectomia, ou seja, abriu uma "janelinha" na íris, criando uma segunda passagem para a luz, além da pupila.

Por essa "janelinha", mesmo de forma precária, o moço conseguia ver; porém, a deficiência visual lhe vetava o trabalho.

Causa espiritual da doença ocular

Jesus disse:

— *Se os seus olhos forem bons, todo o seu corpo será bom.*[83]

Antes de nascer, ainda no plano espiritual, Neco, refletindo profundamente sobre suas experiências, concluiu que um dos grandes entraves ao seu progresso espiritual era a sua maneira de ver, mais propriamente a sua maneira de não ver.

• Olhos frios: não via o próximo nas suas necessidades; não enxergava o sofrimento alheio; não observava a criança faminta, o doente pobre, a mãe sem recursos, o amigo esmagado pela solidão, ou a tristeza a expressar-se nos semblantes desolados.

• Olhos aproveitadores: de outro lado a sua visão era arguta para descobrir os males e fraquezas alheios, principalmente para poder tirar disso algum proveito.

• Olhos interesseiros: enxergando um campo cultivado, por exemplo, com a promessa do grão brilhando ao sol, não imaginava a

---

[82] Modernamente a catarata é plenamente operável, retirando-se inclusive todo o cristalino e introduzindo uma prótese, mas naqueles idos de 1950 ainda não existiam esses recursos.

[83] Mateus, 6:22.

futura colheita alimentando a sociedade e sustentando o lavrador; anotava apenas o lucro que aquilo podia lhe dar.

• Olhos adúlteros: se constatava a afeição fraternal de uma mulher nos ambientes que frequentava, quase sempre buscava mentalizar laços menos dignos.

— • —

Esse hábitos cristalizados jaziam sob forma de enfermidade oculta no mais profundo de seu corpo espiritual.

Uma terapia eficaz seria fazer com que migrassem para seu corpo físico, sendo aí destruídos por meio da morte da carne. Terapia cheia de dores, humilhações, constrangimentos, porém eficiente e relativamente rápida do ponto de vista espiritual; problemas e maus hábitos adquiridos durante séculos poderiam ser resolvidos em algumas décadas.

Neco pediu e obteve essa terapia para a encarnação que agora atravessava.

— • —

Conscientemente o moço ignorava, naquela época, essas coisas, o que de forma alguma impediu que o tratamento do olhar, do ponto de vista espiritual, se iniciasse por meio da doença ocular.

Aquela nuvem impedindo o moço de ver com clareza era o começo dos procedimentos terapêuticos devolvendo a visão saudável ao espírito, que, por séculos, não quis ver conforme nos orientou Jesus.

Uma contribuição fundamental do paciente, a resignação, estava sendo dada, o que alegrou os benfeitores espirituais, a tudo acompanhando com desvelo.

— • —

Quem avinagra o que vê,
Quem no mal pensa e repensa,
Cultiva na própria estrada
O clima para a doença.[84]

---

[84] Silva Lobato – *Trovas do Mais Além* – Chico Xavier – CEC.

As mãos doentes

Antes de iniciar o tratamento com as sulfonas, Neco já havia perdido a sensibilidade à dor nas mãos.

A insensibilidade provoca inúmeros acidentes: o paciente se queima porque não percebe a temperatura, esmaga os dedos numa porta ou janela porque não sente a pressão, fere-se com objetos cortantes...

No caso de Neco, como de numerosos hansenianos, o fato de não enxergar bem leva a ferir ainda mais as mãos.

Os curativos são feitos, mas nem sempre são bem feitos.

A lesão dos nervos também leva à atrofia muscular; por isso que a maioria dos hansenianos tem problemas nas mãos.

A sulfona curou o moço, eliminou os bacilos, mas não foi capaz de restaurar os nervos do braço e principalmente das mãos, já danificados.

As mãos e a espiritualidade

A mão é o espelho de nossas respostas íntimas para o mundo exterior.[85]

Ela denota nossa condição social, nossas emoções: o entusiasmo das palmas ou o tremor do medo; a angústia quando crispadas ou o gesto largo quando serenos; suaves quando afagam, duras e fechadas quando agridem...

Por meio das mãos percebemos a suavidade da pele da mulher amada, o calor saboroso do alimento preferido, a aspereza molhada da terra fértil, o frio do metal que fere e mata.

Utilizando-as para realizar o bem ou o mal.

Em encarnações passadas, imagens que se fixaram na nossa mente, com relação às mãos de Neco:

---

[85] E. B. Kaplan, *Anatomia funcional e quirúrgica de la mano.*

• contando avidamente moedas, cédulas e títulos, enquanto uma expressão de cobiça se desenha em seu semblante;

• acariciando voluptuosamente gemas preciosas, ouro e prata;

• assinando papéis, escrevendo cartas, que implicavam na infelicidade de homens e mulheres, notadamente notas de compra e venda de pobres escravos.

Todos esses atos foram fixando-se no seu corpo espiritual, transformados em vícios profundos pela repetição; não era tão somente o problema de pagar dívidas, mas livrar-se do apego monetário e das realizações perversas, recuperando novamente a inocência própria dos sentimentos puros.

— • —

O seu anjo da guarda, Fabrício, na ocasião do planejamento de sua encarnação, sugeriu valer-se do filtro milagroso do corpo físico, e proceder à semelhança do que decidira quanto aos olhos: trazer a enfermidade moral radicada no mais profundo das fibras da alma para o corpo físico e assim readquirir a saúde espiritual.

Aflorando no corpo físico a enfermidade representada pelas palavras "fazer o mal" destruiria as mãos carnais, trazendo-lhe sofrimentos e constrangimentos sem conta; em compensação, quando um dia partisse da Terra, estaria livre e puro.

Do mesmo modo da cura do olhar, por meio da doença nos olhos, a cura do "fazer o mal" pela doença nas mãos resolveria, em décadas, problemas acumulados em séculos.

— • —

Às vezes um medicamento potencializa outro, aumentando em muito seus efeitos; a mesma coisa aconteceria com o problema da visão e das mãos: o tato é um precioso auxiliar de quem não enxerga bem, e a visão supre a ausência do tato; não tendo tato nas mãos e com uma visão deficiente, o constrangimento se ampliava e o medicamento para a cura espiritual a refletir-se na doença física tornava-se mais poderoso, tendo maior chance de sucesso num tempo menor de aplicação.

— • —

O apóstolo João nos narra que na tarde de domingo, após a ressurreição, estando os discípulos reunidos a portas fechadas, temerosos da perseguição dos judeus, Jesus apresentou-se entre eles e os saudou dizendo:

— A paz esteja com vocês.

A seguir exibiu suas mãos que apresentavam as feridas produzidas pelos cravos da cruz...

Emmanuel, comentando esse fato[86], nos ensina, com doçura e clareza o seguinte:

Reparemos nossas mãos

"... mostrou-lhes suas mãos..."– João, 20:20

Reaparecendo aos discípulos, depois da morte, eis que Jesus, ao se identificar, lhes deixa ver o corpo ferido, mostrando-lhes destacadamente as mãos...

As mãos que haviam restituído a visão aos cegos, levantado paralíticos, curado enfermos e abençoado velhinhos e crianças, traziam as marcas do sacrifício.

As mãos do divino trabalhador não recolheram do mundo apenas calos do esforço intensivo na charrua do bem. Receberam feridas sanguinolentas e dolorosas...

O ensinamento recorda-nos a atividade das mãos em todos os recantos do Globo.

O coração inspira.

O cérebro pensa.

As mãos realizam.

Em toda parte, agita-se a vida humana pelas mãos que comandam e obedecem.

---

[86] Emmanuel – *Fonte Viva* – Chico Xavier – FEB.

Mãos que dirigem, que constroem, que semeiam, que afagam, que ajudam e ensinam... E mãos que matam, que ferem, que apedrejam, que batem, que incendeiam, que amaldiçoam...

Todos possuímos nas mãos antenas vivas por onde se exterioriza a vida espiritual.

Reflete, pois, sobre o que fazes, a cada dia.

Não olvides que, além da morte, nossas mãos exibem os sinais de nossa passagem pela Terra. As do Cristo, o eterno Benfeitor, revelavam as chagas obtidas na divina lavoura do amor. As tuas, amanhã, igualmente falarão de ti, no mundo espiritual, onde, interrompida a experiência terrestre, cada criatura arrecada as bênçãos ou as lições da vida, de acordo com as próprias obras.

A RESIGNAÇÃO

A terapêutica de fazer aflorar os problemas espirituais em forma de doenças físicas, com seu cortejo de sofrimentos físicos e morais, tem como grande risco a revolta.

O espírito encarnado se rebela, sua estrutura emocional não consegue conviver com as dores, limitações e humilhações da enfermidade, e se desequilibra.

Em vez de aceitar a realidade da doença física com serenidade, trabalhando para curá-la, ou caso seja impossível, suavizando seus efeitos com disciplina e boa vontade, o encarnado mergulha num mar de queixas acusando tudo o que está fora dele: a sociedade, Deus, a família, os médicos, atraindo obsessores e não adotando atitudes positivas que lhe diminuam os inconvenientes da moléstia.

Em outras palavras, sem a necessária resignação, entendida como o consentimento do coração, a terapia de afloramento dos problemas espirituais no corpo físico pode ter um efeito contrário, agravando a situação do paciente, que em vez de quitar dívidas e sanar desvios morais, adquire mais dívidas e novos problemas morais de difícil solução.

— • —

Embora sem uma fé religiosa sólida, sem valorizar o ato da prece, alguma coisa brotava do fundo da alma daquele moço, insuflando-lhe resignação e evitando que perdesse a confiança na misericórdia de Deus, conquistada quando da cura da hanseníase pela sulfona.

Muitas coisas na vida daquele moço eram difíceis; as crenças religiosas que poderiam lhe dar muita força eram frágeis na sua alma, mas a ação dos benfeitores espirituais, aliada à sólida preparação feita antes da reencarnação, iam permitindo que fosse vencendo as duras provas.

Encarava as limitações da deficiência visual, agravada pelos problemas nas mãos, com boa vontade e disciplina, procurando atenuar o mal; sem mágoas, sem queixas, sem acusações, lutando contra a moléstia, resignado, paciente e sereno.

Olho, janela da alma...

O cristalino
Límpida lente
Dos olhos do Neco
Tudo focava:
O rosto da mãe,
Imagem primeira;
O alimento, a bola, a letra;
Os caminhos;
Expressões de carinho;
Rosto duro do chefe;
Flores na primavera;
As formas suaves
Da mulher que passa;
O azul do céu...

Porém no alvorecer da mocidade
Surgiu pequena nuvem no seu cristalino.

Branca, mas não alegre
Como as nuvens do céu.

Catarata, mas não encantadora
Como as cachoeiras do regato.

Semelha navio inimigo
Cheio de velas brancas
Ocultando canhões mortais;
Que vai se aproximando,
Que vai crescendo...

Preparar!
Apontar!
Fogo!

E uma bala
Embaçada,
Esbranquiçada,
Vai borrando,
Vai ocultando,
Vai matando...

Naufragam no cristalino
Do olho do moço,
Sonhos da mocidade...

Afundou o trabalho alegre,
O carrinho de mão,
Correndo pelas ruas...

Afundou o livro,
Afundou o jornal...
Tantas coisas para saber,
Tanta notícia para ler...

Afundou o céu:
Afundou o poente colorido,
Afundou a aurora luminosa,
Afundou o azul forte do meio dia...

Afundou a moça bonita,
Afundou o casamento,
Afundou o lar alegre...

Tudo foi sumindo
Tragado pela catarata
Branca e estática.

—— • ——

Porém, naquela desvalia
Surge um mago:
Avental branco
Em vez de capa;
Utilizando medicamentos
Em vez de elixires;
Manejando bisturis
Em vez de varas de condão;
Abriu uma janelinha
Na nuvem branca.

E o moco viu
Novamente
Os movimentos da vida:
As letras correndo céleres
Esculpindo ideias, emoções, atualidades;
A moça elegante
Caminhando pela tarde;
O céu nas suas feições
Ora ensolaradas, ora chuvosas...

A janelinha resgatou
Boa parte do que a catarata
Havia tragado.

—— • ——

Um dia pensei
— Não sou como o Neco
Não tenho catarata, nem janelinha;
Tudo olho e vejo.

Mas depois repensei:
Tenho catarata, mas não janelinha;
Tudo olho e nada vejo:

A toda hora
Nas andanças morais
Tropeço e caio
Em problemas banais.

Olho a moça bonita e fraternal;
Vejo insensatez sensual.

Olho a prova regeneradora;
Vejo acovardado
As rotas de fuga...

Olho o trabalho no bem
Vejo apenas tédio
E ausência de lucro...

Olho em torno
Vejo pedra e metal
Vejo plástico e pau
Mas não enxergo nada de espiritual:
Não vejo perdão, humildade,
Bondade, caridade...

— • —

Um dia, ouvindo meus lamentos
Um amigo me confessou:
— Tenho catarata espiritual
Mas tenho a janelinha ideal.

E continuou...

— Eu orei e ouvi Jesus;
Fortalecido, permito o bisturi da cruz;
E uso os elixires do evangelho:
Esperança, fé, humildade,
Sobretudo caridade.

— A janelinha do evangelho
Trouxe-me de volta a vida:

Olho a dor
Vejo a oportunidade.

Olho a agressão
Vejo o perdão.

Olho o trabalho no bem
Vejo a verdadeira felicidade.

Em tudo que olho
Vejo que cabe o amor cristão.

E eu disse:
— Eu o acompanharei
Vou encontrar Jesus...

...

Ah a luz, a luz...

ALDA SAIU PELA OUTRA PORTA

Em cada um a hanseníase evolui de uma maneira; no caso de Aldinha, a irmã caçula de Neco, ela evoluiu de forma acentuada.

Conquanto participando do tratamento com a sulfonoterapia, e conseguindo curar-se da hanseníase, a doença já havia produzido sequelas importantes nos rins, que não conseguiam mais filtrar o sangue, eliminando as substâncias tóxicas, a chamada uremia; o bacilo havia também atacado sua visão e Aldinha estava cega.

Em novembro de 1953, Aldinha estava com 24 anos; seu estado era gravíssimo, notadamente naquela época em que não havia ainda a hemodiálise, ou seja, a filtragem do sangue por meio de máquinas.

Vendo que o fim se aproximava, Neco, de manhã, telefonou para Santos avisando.

Os pais vieram rapidamente e, um pouco antes do almoço, o pai e a mãe chegaram a Santo Ângelo.

Porém a agonia se prolongava e Alda não dava o último suspiro; isso acontecia porque os pais chorosos, desejando reter a filha, dificultavam que seu espírito se desligasse do corpo físico.

Quanto aos irmãos, Neco e Zeca, não que fossem indiferentes, ou que tivessem o conhecimento espírita, pois eram católicos, mas o contato diário com o sofrimento, e com a morte, fez com que vissem com muito mais serenidade a partida desse mundo, associando-a ao término dos sofrimentos da irmã.

Esse conflito mental e vibratório, entre a força da natureza fazendo com que o espírito de Alda se desligasse e os pais querendo que ele ficasse na carne, prosseguiu até as 17 horas, quando alguém chamou seus pais:

— Vocês estão aqui desde a hora do almoço sem comer nada, vamos até o refeitório tomar um prato de sopa, algo que os alimente.

Os pais saíram e Neco e Zeca ficaram ali velando pela irmã. Naquela meia hora que os pais se afastaram, Aldinha deu o último suspiro. A mente dos pais, afastada e dirigida a outros objetivos, libertou por alguns minutos a filha de seu apego e permitiu-lhe a partida para o plano espiritual.

Na época essas coisas não eram claras para Neco, mas anos depois, adquirindo o conhecimento espírita, esse fato lhe veio à lembrança, e ele pode compreender o que se passara.

Maria Custódio experimentava a morte de seu segundo filho, ambos na casa dos vinte e poucos anos. Efetivamente, uma maternidade de provações e dores.

— • —

Eis a verdade corrida

Nas sendas de toda sorte:

Se a morte sucede à vida

A vida sucede à morte.[87]

Getúlio

Em 1952, Getúlio voltou ao poder, eleito como o 17º presidente da República, sem o voto de Neco, evidentemente.

Porém não conseguiu se adaptar ao regime democrático, no qual o poder é compartilhado com o judiciário e o legislativo, além das suas várias esferas: municipal, estadual e federal.

Num governo decadente, em que não conseguia impor sua liderança, envolvido em escândalos produzidos pelos desatinos de seus

---

[87] Vírgilio Brandão – *Antologia dos Imortais* – Waldo Vieira – FEB.

subordinados, noticiados por uma imprensa livre, que não podia controlar, uma única saída se apresentava: admitir-se acabado como político, renunciar ao poder e levar uma vida comum nas suas propriedades no Rio Grande do Sul, junto à esposa, aos filhos e netos.

Mas, infelizmente, uma vez mais seu desmesurado orgulho falou mais alto; não suportando o afastamento do poder, em agosto de 1954, suicidou-se com um tiro no peito.

— • —

Amarga derrota moral; aquele espírito que saíra do plano espiritual 71 anos atrás, pleno de ideais nobres, tendo como tarefa organizar o Brasil para os novos tempos e liderar inúmeros brasileiros nas transformações a serem impostas pelo século 20, voltava como um farrapo dementado.

Após algumas décadas no plano espiritual, pôde ser tratado e recomeçar.

Mesmo razoavelmente lúcido, não conseguia recordar-se de como morreu; sua mente recusava-se a admitir o suicídio, de forma semelhante ao que aconteceu no plano material quando inúmeros correligionários também recusavam-se a aceitar um fim tão desonroso para seu líder.

Porém, finalmente, compreendeu e corajosamente iniciou o árduo recomeço, trabalhando nas tarefas de limpeza de um hospital no plano espiritual.

O que aliviou sua alma foi que, apesar dos desatinos cometidos, também fez coisas boas, e se muitos o odiaram, em contrapartida conquistou a gratidão de um número maior de compatriotas que o amaram com sinceridade.

Provavelmente, depois de experiências retificadoras na carne, voltará ao nosso país, e com seus elevados dotes de liderança e capacidade intelectual, despido do terrível vício do orgulho, auxiliará nosso progresso. Orem por ele.

— • —

Há leis que se contradizem,
Mas que se cumprem fatais.
Observa: Deus perdoa,
A Consciência jamais.[88]

[88] Plínio Mota – *Paz e Alegria* – Chico Xavier – GEEM.

UMA VIDA CALMA

Neco ganhava uma pequena verba do hospital, embora não mais tivesse condições de trabalho; recebia ainda o apoio de João, o irmão mais velho, que sempre se mostrou responsável face às necessidades da família e se tornara sócio da gráfica, em que trabalhava há mais de vinte anos.

Embora tivesse pouco dinheiro, era um moço regrado, econômico e dava para viver de forma digna; havia até bombons Dizzioli que a mãe lhe trazia, enviados por João.

— • —

Afável, tinha muitos amigos, entre eles dois se destacavam: Luiz Betcher e Armando Catelli[89].

Sobre Luiz Betcher já falamos algumas vezes; Catelli era 10 anos mais velho, filho de italianos, extrovertido, cego, boa situação financeira garantida pela família; gostava de estudar, divertia-se com problemas de matemática, especialmente álgebra.

Curiosamente os dois amigos eram espíritas, por vezes falavam na Doutrina Espírita, mas não faziam nenhum esforço para convencê-lo, achavam que a adesão ao espiritismo devia ser espontânea.

Neco evidentemente sabia da existência do Centro, se não ia era porque não se interessava, se não se interessava para que convidá-lo ou insistir?

— • —

O estudo, a biblioteca o rádio, três pontos de atração, três fontes de saber.

---

[89] Exatamente os dois que foram seus melhores amigos na encarnação do século 18 e nos trabalhos que realizou no plano espiritual nos séculos 19 e princípio do século 20; respectivamente, Gaspar Posser e João Batista Oliveira. (Vide no fim deste volume "Correlação dos personagens" dos livros *Chagas de Luz* e *Buscando a Luz*)

Aos sábados os bailes, os flertes, algum namoro sem maiores consequências.

Não perdia os jogos de futebol nas tardes de sábado em Santo Ângelo, e também acompanhava o "esporte bretão" pelo rádio e jornais, torcedor do Santos e da Seleção Brasileira, mas não fanático.

Time de futebol de Santo Ângelo
Neco jogou na linha de ataque, antes que a doença o impedisse de praticar o esporte; posteriormente foi apenas um torcedor.

Gostava de cantar, de andar, passear pelos jardins, ir à missa aos domingos.

Durante a semana, pelo menos numa noite, o cinema com seus filmes, bons filmes.

Não cogitava de casamento, se eram comuns moças agradáveis e mesmo bonitas, nada tão profundo que justificasse um sonho de casamento, mesmo porque o dinheiro era muito curto para montar uma casa, os problemas físicos provavelmente impediriam o surgimento dos filhos.

Mas isso não o aborrecia, pois para ele o casamento deveria valer a pena, e nenhuma mulher apareceu que o justificasse.

Estudando

O rádio é um precioso instrumento de educação e cultura; para Neco, foi a sua ligação com o mundo e o saber.

O moço ouvia, especialmente, a Rádio Educadora do Ministério da Educação.

— • —

Roquete Pinto, já em 1923, advogava o grande papel do rádio na educação; fundou posteriormente a Rádio Sociedade do Rio de Janeiro, tendo como um de seus objetivos levar cultura e educação a todos.

Em 1936, não podendo mais manter sua rádio, doou-a ao Ministério da Educação e Saúde impondo no entanto na doação que ela continuasse a difundir programas educativos e culturais.

Getúlio Vargas "comprou" a ideia definindo-lhe a missão: "falar diariamente aos brasileiros, animá-los nos seus trabalhos do campo, da cidade e do mar; estar com eles nas suas alegrias e pesares..."

Designou o próprio Roquete Pinto para ficar à frente da rádio que passou a chamar-se "Rádio do Ministério da Educação e Cultura".

Atingia todo o Brasil por meio de ondas curtas; e teve um grande impulso na década de 1950, montando um elenco com nomes destacados da cultura nacional, como Mario de Andrade e Cecília Meireles.

Em sua grade abordava literatura, música erudita, notadamente óperas, atualidades, cinema, teatro, jazz, educação física, saúde, formação do homem do campo. Produzia também programas sobre o Brasil, para serem levados ao ar por emissoras estrangeiras.

— • —

A "Radio Educadora" foi uma amiga do adolescente e companheira inseparável do moço. Ela supria a grande falta que Neco sentia do ambiente acadêmico.

O programa que mais gostava era o "Colégio no Ar", com aulas muito bem feitas abordando: português, francês, italiano, espanhol, história do Brasil, ciências naturais e geografia.

Ia ao ar todos os dias, das 7 às 9 horas, com reprise das 20 às 22 horas; e Neco por vezes passava meses sem perder um programa.

— • —

Além da "Rádio Educadora" havia a biblioteca do hospital, onde não faltavam os principais jornais de São Paulo, revistas e livros.

Neco lia de tudo: autores nacionais e estrangeiros, obras clássicas e histórias em quadrinhos, jornais e revistas; um exemplo curioso: leu a obra completa do escritor americano Edgar Rice Burrougs, em quase 40 volumes: 22 sobre Tarzan, personagem de ficção muito popular no século 20, e 12 de ficção científica.

Essa atividade foi lhe proporcionando uma sólida cultura geral, surpreendente para quem vivia num hospital, praticamente isolado do mundo.

Cuidando de Zeca

Embora quatro anos mais jovem que seu irmão Zeca, o moço cuidava de Zeca com um carinho quase paternal. O que de certa forma se explicava pelo fato de na encarnação do século 18 Neco ter sido pai de Zeca.

O problema visual de Zeca era muito mais grave, o glaucoma[90] lhe trazia muito sofrimento; foram extraídos também todos os seus dentes, a maioria sadios, pois a medicina de então acreditava haver relacão entre o glaucoma e a cárie dentária.

Conduzia Zeca daqui pra lá; procurava confortá-lo, resolver pequenos problemas do irmão, desde buscar-lhe um copo d'água até acompanhá-lo numa consulta ou tratamento.

— • —

Neco era gentil com seus amigos cegos, como o Catelli, pois embora com a visão reduzida, podia ler uma carta ou um artigo de jor-

---

[90] Glaucoma é uma doença ocular causada principalmente pela elevação da pressão intraocular, que provoca lesões no nervo ótico e, como consequência, comprometimento visual. Se não for tratado adequadamente, pode levar à cegueira.

nal para o companheiro, conduzi-lo numa caminhada, auxiliá-lo a vestir um casaco, ir até algum lugar buscar ou comprar algo para a pessoa.

A MUDANÇA DE NOME

Neco foi registrado simplesmente como Manuel dos Santos.

O primeiro inconveniente do nome era a multidão de homônimos, o segundo era a ausência do sobrenome da mãe. A mãe que tão ternamente o amou e com quem tão pouco conviveu não estava presente nele.

Com a abertura do leprosário e a necessidade de tirar documentos, passou a assinar Manuel dos Santos Soares. Se tivesse que abreviar, Manuel S. Soares, abreviaria o sobrenome do pai e manteria o sobrenome da mãe.

NA REPRESA

Dentro das terras de Santo Ângelo havia uma represa com alguns equipamentos de recreio; uma churrasqueira, um barracão, brinquedos como balanços e gangorras e barcos.

Era um lugar bonito e certos dias de festa abrigava piqueniques.

Segunda-feira, 25 de janeiro de 1954

Um dia muito festejado foi 25 de janeiro de 1954, pois a cidade de São Paulo comemorava o seu quarto centenário.

Nesse feriado, não pôde deixar de haver o tradicional piquenique na represa.

Dia ensolarado, 11 horas, muitas moças e rapazes, saboroso churrasco, barris de chopes...

Neco divertia-se, comeu pouco e bebeu apenas um copo de cerveja, moderado, como era seu hábito.

Conversou com todos, afável.

À tarde, uma pequena multidão, entre risos e falatório, subiu num dos barcos; todos riam e brincavam com a superlotação.

Neco ficou olhando da margem.

Eis que, pelo excesso de passageiros, o barco vira e afunda; na confusão observam que uma das moças, Maria José, bonita enfermeira, não volta à tona.

José Brigato, um dos moços que estava por ali, deixou a namorada e mergulha em busca de Maria José, pois o namorado de Maria José não tomava nenhuma iniciativa.

Neco, na margem, acompanha a cena, preocupado, pois era amigo dos dois casais de namorados; porém José voltou sem trazer a moça, pois o fundo da represa é lugar perigoso, lamacento, com árvores mortas e pouquíssima visibilidade.

José olha para sua namorada e em seguida para o namorado de Maria José, como ninguém se habilitasse, José mergulha outra vez.

Neco e outros da margem esperam angustiados a volta de José Brigato em vão.

José não voltou; provavelmente Maria José, desesperada, agarrou-se a ele e os dois ficaram presos no fundo.

Tristeza para todos com o fim trágico daquele piquenique.

Que drama se ocultava no passado daqueles dois espíritos, levando-os a morrer abraçados no fundo de uma represa, sob a vista de seus dois namorados?

— • —

Depois da morte se vê
Em tudo, seja onde for,
Que só perdura na vida,
O que se fez por amor.[91]

---

[91] Oscar Batista – *Trovas do Mais Além* – Chico Xavier – CEC.

O CINE TEATRO

O "Cine Teatro Santo Ângelo" foi inaugurado em 1948.

Cine Teatro Santo Ângelo
Foto tirada em 2011, o prédio não sofreu alterações.

Ao término da construção houve um incidente curioso: os internos queriam denominá-lo "Cine Teatro Conceição Santa Maria" em homenagem à mulher por quem tinham expressiva gratidão.

O diretor da época não permitiu, alegando: os donativos para a construção foram dados tendo em mente Santo Ângelo, não uma homenagem a Conceição.

Os ânimos se exaltaram, mas por fim prevaleceu o bom senso e foi dado um nome que não suscitaria polêmicas.

O cine teatro exibia filmes e eram comuns shows dados por artistas de renome da época, como o ator e humorista Mazaroppi e a cantora e atriz Wilma Bentivegna.

Sábado, 18 de setembro de 1954

Noite bonita, agradável.

Neco está com 28 anos e põe sua melhor roupa. Dirige-se ao cineteatro Santo Ângelo.

O filme a ser exibido é "A Princesa e o Plebeu", com Audrey Hepburn e Gregory Peck.

O prédio é imponente, arquitetura modernista, mil lugares.

A fila se alonga na bilheteria. Neco cumprimenta amigos e amigas, compra o ingresso.

Paulo, marido de Adelaide, vende pipoca e salgadinhos. Neco compra um saquinho de pipocas e entra no cinema, todo iluminado com lâmpadas coloridas; procura seu lugar ao lado direito do corredor; isso porque o cinema é dividido por sexo; homens à direita do corredor, mulheres à esquerda.

Casais de namorados fazem um esforço e, por vezes, conseguem ficar nas cadeiras que ladeiam o corredor na mesma fileira, assim podem dar-se as mãos durante o filme.

Mas Neco não está namorando.

A comédia é leve e romântica, passa-se em Roma, e Neco há quase 20 anos residente em Santo Ângelo, sente-se na Itália, correndo pelas ruas numa motoneta.

A comédia é divertida, mas o fim é algo triste, pois o "mocinho" não se casa com a "mocinha".

DANÇANDO

Terminada a sessão, Neco dirige-se ao salão de festas; há mesas com jogos: damas, xadrez e uma mesa de pingue-pongue.

Salão de Festas
Santo Ângelo.

Neco cumprimenta moças e rapazes, embora fosse reservado era afável e tinha facilidade para fazer amizades.

Neco não se interessa pelos jogos, dirige-se à biblioteca para ler os jornais do dia. A catarata atrapalha, mas passeia pelas diversas seções, detém-se mais em política, esportes e ciências.

Alguém põe um álbum de Ray Anthony, de músicas orquestradas românticas.

Diva está em frente a um dos espelhos do salão de festas, é uma bela moça nos seus 23 anos, amiga de Neco.

Neco deixa o seu jornal e a convida para dançar.

Outros casais fazem o mesmo.

Há um certo clima romântico no ar. Neco conversa, passam alguns assuntos, nada importante, nada que fixe a atenção, é divertido dançar, a música é boa, a moça é bonita.

Dançam todas as 12 músicas do "Long Play" de vinil.

Está ficando tarde, Diva despede-se.

Neco fica por ali, ainda sentindo o perfume da moça, conversando com amigos

Finalmente vai para o seu pavilhão; dorme e sonha...

— • —

A ilusão, onde se esconda,

Tem limites naturais,

Lembrando a força da onda

Que morre num velho cais.[92]

---

[92] Godofredo Viana – *Paz e Alegria* – Chico Xavier – GEEM.

Em meados de 1955, o glaucoma de Zeca se agravou bastante; o olho inchava tanto que o globo ocular encostava na lente do óculos.

A "janelinha" feita pelo oftalmologista de Santo Ângelo permitia a Neco ver, mas pouco, tirando-lhe condições de trabalho.

Quem sabe o Dr. Milton, do Leprosário de Pirapitingui, conseguiria extrair a catarata de Neco? Dar um jeito no glaucoma de Zeca? Além de melhor equipado, era médico renomado, tido por muito competente.

— • —

Conseguiram uma transferência temporária para o Hospital de Pirapitingui, e para lá se foram, levados pela perua da Caixa Beneficente.

Zeca era mais extrovertido que Neco, e logo fizeram vários amigos em Pirapitingui.

Depois de alguns exames o oftalmologista, Dr. Milton, chegou à conclusão de que o melhor a fazer era extrair o olho esquerdo de Zeca.

Quanto a Neco, acenou com a possibilidade de eliminar a catarata, devolvendo-lhe uma visão quase normal.

Alegria para Neco, conformação para Zeca.

Os dois irmãos fizeram a cirurgia.

PROGNÓSTICO

O moço estava com fortes expectativas, porém mantinha-se controlado.

Dois dias após a cirurgia, o Dr. Milton veio vê-lo:

— Neco, eu tentei tirar a catarata do seu olho direito, mas não consegui porque ela estava muito aderente; assim sendo, apenas abri um pouco mais a iridectomia, a "janelinha"; desse modo, você vai ficar enxergando um pouco melhor; fiz o possível...

Naquele momento o moço entendeu que terminaria por perder a visão; mas não perdeu o ânimo, continuaria vivendo.

— • —

Passariam nove meses em Pirapitingui, participando inclusive das festividades natalinas, que foram muito bonitas, pois uma caravana de Piracicaba se ocupou de oferecer o melhor aos internos do hospital.

Como é difícil locomover-se em São Paulo

Voltando a Santo Ângelo, Zeca machucou o pé, um curativo malfeito levaria a uma pequena lesão, que o dificultaria caminhar até o fim de seus dias.

Aí surgiu uma nova provação para Zeca; o Dr. Milton recomendara que Zeca pusesse uma prótese, um olho de vidro, na cavidadc ocular vazia; recomendou inclusive um local para comprar o olho de vidro, uma loja no centro de São Paulo, na Rua São Bento.

A prótese custava Cr$ 500,00; os dois irmãos venderam um rádio que tinham para arranjar o dinheiro, pois a Caixa Beneficente não quis prestar nenhum auxílio, nem para a ida até São Paulo.

Uma imensa sensação de abandono envolveu o pobre Zeca, pois não conseguiu ninguém para acompanhá-lo, o dinheiro curto não permitiu que Neco fosse junto.

E Zeca teve que ir sozinho para São Paulo, andando com dificuldade, não conhecendo a cidade, enxergando muito pouco; acrescente-se a isso a sua estrutura psicológica profundamente abalada, pela perda de um olho, pelo declínio do outro que sobrara, tendo clara a perspectiva da cegueira que se aproximava.

Foi um verdadeiro tormento, ir a Jundiapeba, tomar o trem para a estação do Brás, pegar um ônibus até o centro; cruzar ruas movimentadas.

Para atravessar as ruas Zeca parava na calçada e esperava que alguém passasse ou parasse ao seu lado; a seguir ia acompanhando a pessoa, pois não conseguia ver se vinha vindo algum veículo, porque sua visão alcançava alguns poucos metros; caso a pessoa andasse mais depressa, ele ficava para trás no meio da rua, tentando orientar-se por sons e pelos vultos que divisava.

Por vezes algum guarda de trânsito, ou pessoa mais agressiva, dirigia-se a ele com expressões do tipo:

— Saia da rua! Não está vendo os automóveis! Está bêbado?

Porém Zeca, com a ajuda de Deus, conseguiu comprar a prótese e voltar a Santo Ângelo.

— • —

Recordando os sofrimentos do pobre Zeca, naquele dia longínquo de 1956, medito em quanto são fúteis as queixas sobre as dificuldades de locomoção em São Paulo feitas por pessoas saudáveis, acomodadas em automóveis confortáveis, dirigindo-se ao lar ou ao trabalho.

Ante a cólera insensata
Que punge, que amaldiçoa,
Usa a bênção da humildade
Na frase singela e boa.[93]

---

[93] Casimiro Cunha – *Paz e Alegria* – Chico Xavier – GEEM.

O CAMPO E A SEMEADURA

Nosso Senhor certa vez propôs a parábola de um semeador que semeia em vários locais diferentes; explica que a semente é o ensinamento, e os diversos terrenos simbolizam o coração humano:

• **a estrada:** a semente cai e é comida pelos pássaros, não chegando a nascer; pessoas preocupadas com o que foi e o que virá, passado e futuro, descomprometidas com o presente. Nesse terreno o ensinamento não prospera, obsessores facilmente tiram o ensinamento do coração do encarnado.

• **o solo pedregoso:** a semente nasce, lança muitas folhas para compensar a falta de raízes, mas morre em virtude da dureza do solo; pessoas de coração duro, o ensinamento se desenvolve, em manifestações exteriores, mas como não tem profundidade logo desaparece.

• **o terreno coberto de espinheiros:** a semente nasce, cresce, mas morre sufocada pelos espinhos; pessoas cheias de ilusões mundanas, posse, fama... O ensinamento prospera, mas entra em choque com as ilusões e morre.

• **a boa terra:** aí o ensinamento se desenvolve, cresce, dá frutos de caridade e iluminação espiritual.

O lavrador divino, todavia, vai revolvendo a terra dura da estrada, removendo pedras e espinheiros, preparando o solo fértil que proporcionará a boa colheita.

Os acontecimentos da vida de Neco, como de todos nós, constituem essa preparação determinada por Jesus, orientada pelos benfeitores e, em última instância, realizada por nós mesmos.

• As situações difíceis enfrentadas por Neco, desde os 8 anos, o levaram a focar o presente, sem ter muito tempo para fugir para o passado em recordações ociosas, ou para o futuro em sonhos imaginários.

• O convívio diário com os sofrimentos mais atrozes, acompanhando a morte de amigos e de dois irmãos, as angústias da mãe e de outras centenas de companheiros de infortúnio, o levaram à compaixão, à solidariedade; o coração duro do comerciante de outras encarnações amoleceu.

• A morte lança no nada as ilusões humanas, demonstrando a falsidade da posse e do poder. Ao conviver diariamente, por anos a fio, com a morte de amigos e colegas, Neco passou a dar pouco valor às ilusões e futilidades que são, infelizmente, o objetivo de muitos.

Neco não possuía uma fé sólida, não conhecia a espiritualidade, não aprendera a rezar, porém o seu coração estava sendo formado com muito cuidado, na imensa escola da vida, pelos mestres do invisível, sob as ordens de Jesus.

O INTERNAMENTO VOLUNTÁRIO

Embora tivessem a condição legal para sair de Santo Ângelo, por terem recebido a "transferência para tratamento ambulatorial" ou a "alta provisória", houve internos que resolveram ficar.

Dr. Lauro Souza Lima, médico e cientista
Em visita a Santo Ângelo (primeiro da esquerda).

Lauro Souza Lima, o médico exemplar, que assumira em 1952 a direção do Departamento de Profilaxia da Lepra visitou os vários leprosários levantando a situação.

Reuniu os internos que não estavam mais doentes e falou-lhes com franqueza:

— Não fiquem aqui, vão embora para suas casas, ao encontro de suas famílias, refazer suas vidas; vocês estão bem, estão curados.

Ouviu as mais diversas alegações:

— Eu não tenho condições financeiras para sair, aqui sou funcionário do Estado, ganho um salário mínimo, mas tenho moradia e alimentação. Lá fora eu não conseguirei sobreviver tendo que pagar aluguel, luz, água, alimentação, mesmo que eu arranje um emprego para ganhar a mesma coisa...

— Eu não conheço ninguém lá fora, perdi o contato com a minha família há 25 anos, não tenho nem para onde ir. Nem sei a que cidade me dirigir, não tenho economias com que possa me manter até conseguir estabilizar-me.

— Como eu vou fazer, doutor? Estou cego, ando com dificuldade, tenho que fazer curativos dia sim, dia não. Como é que eu vou me virar, pois minha família é muito pobre, mora na roça, a 35 quilômetros da cidade...

— Doutor, eu levei muita pedrada, caminhando pelas estradas e esmolando. Sei que estou curado, o senhor sabe, mas será que os outros acreditarão? Será que não serei escorraçado do mesmo jeito?

Eram argumentos difíceis de retorquir, e esses pacientes foram ficando.

Quanto a Neco e Zeca, a dificuldade maior era a questão da renda, pois estavam impedidos de trabalhar pelos problemas físicos.

Conceição ajuda a sair

Conceição, tendo conhecimento desses problemas, conseguiu que se aprovasse uma lei concedendo a "pensão de egresso", ou seja, aqueles que saíssem receberiam um salário mínimo às custas do Tesouro Estadual.

Além disso, passou a utilizar seu gabinete na Assembleia Legislativa e suas relações para conseguir empregos e acomodações para os que quisessem deixar o hospital.

Essas iniciativas fizeram um número considerável de internos com alta partirem.

Neco e Zeca relutam

Neco e Zeca viviam relativamente bem no hospital; a mãe Maria Custódio, no entanto, insistia muito para que eles voltassem para casa.

Contra o pedido da mãe estava o alcoolismo do pai, sinalizando um convívio difícil; e prováveis dificuldades quanto ao tratamento das sua sequelas fora do hospital, por exigirem cuidados médicos especializados.

A favor da saída estavam três argumentos: o afeto da mãe que atenderia uma profunda fome afetiva dos dois irmãos, criados sem o seu carinho; o "porto seguro", representado por João, o irmão mais velho; e a pensão do egresso, proporcionando-lhes independência financeira.

Entre dúvidas, prós e contras, foram ficando.

Neco e Zeca finalmente partem

Após cinco anos de insistência da mãe, e da recusa dos filhos, Neco e Zeca resolveram deixar Santo Ângelo.

Solicitaram sua "pensão de egresso", despediram-se dos amigos.

Sua saída não tinha nada de extraordinário, pois outras dezenas de internos estavam fazendo a mesma coisa.

Solicitaram que a perua da Caixa Beneficente os levasse até Santos, o que conseguiram, graças ao apoio do motorista e alguns funcionários, interessados no agradável passeio até a praia.

Arrumaram suas bagagens, alguns objetos pessoais, roupas e nada mais.

— • —

Dirigiram-se até a perua dois homens:

Zeca, 34 anos, com evidentes dificuldades de locomoção, amparando-se em Neco.

Neco, um homem de 30 anos, 1,65 m, mais para bonito que para feio, praticamente sem sinais externos da doença, exceção feita a atrofia das mãos, uma expressão de inteligência, às vezes colorida com uma certa dureza, às vezes risonha e bem humorada, profundo conhecedor do sofrimento humano, autodidata, relativamente culto...

Acomodaram-se na perua.

O veículo começou a rodar, aos sacolejos, pela estrada de terra; cruzaram os portões de Santo Ângelo, na qual haviam passado 21 anos de suas vidas.

Olhando pela janela os campos de Santo Ângelo e as construções que iam ficando para traz, Neco sentiu os mais desencontrados sentimentos aflorarem: a expectativa da alegria do convívio com a mãe, com os sobrinhos, com uma sociedade onde o sofrimento não era tão presente; temores do alcoolismo do pai, dos preconceitos da sociedade, do estigma que o acompanharia, da saúde de Zeca exigindo cuidados constantes...

Porem o céu era azul, o ar da manhã era fresco, por que não ser otimista?

Um vago sorriso abriu-se na sua face.

LIVRO 3 - O MOÇO

1944

- Meados de 1944: Souza Lima vai até Carville, é recebido efusivamente por Faget. Hospeda-se no próprio Leprosário e se aprofunda no tratamento da lepra com as sulfonas. Volta para o Brasil trazendo na bagagem alguns milhares de doses de Promim.
- Outubro de 1944: Souza Lima inicia o tratamento de três pacientes no Sanatório Padre Bento com o Promim.
- Fins de 1944: Conceição recebe cartas de parentes de hansenianos denunciando inúmeros abusos e divulga as cartas em seu programa de rádio.

1945

- Início de 1945: novas denúncias de abusos nos leprosários surgem e o movimento se avoluma; Conceição tenta visitar os leprosários e não consegue.
- Abril: Conceição consegue marcar uma audiência com o governador de São Paulo: Fernando Costa.
- 30 de abril: Hitler suicida-se.
- Dia 3 de maio: Conceição reúne-se com Fernando Costa para pedir autorização para visitar leprosários e consegue.
- 8 de maio: rendição da Alemanha.

- 17 de maio: Conceição inicia suas visitas pelo Sanatório Padre Bento, constatando inúmeras irregularidades.
- 25 de maio: Sílvio casa-se com Maria Aparecida.
- 31 de maio: Conceição reúne-se novamente com Fernando Costa.
- Início de junho: doentes formam uma comissão e apresentam reivindicações à diretoria do hospital.
- 14 de junho: Sales Gomes responde às reivindicações mandando prender os membros da comissão; os doentes se revoltam, estraçalham o busto de Sales Gomes; os funcionários graduados do hospital fogem; os doentes entram em greve.
- Início de julho: Sales Gomes nomeia novo diretor para Santo Ângelo, a greve cessa, os ânimos se acalmam.
- 19 de julho: Conceição visita Santo Ângelo, sensibilizando-se com o descalabro em que se encontra o hospital. Neco a vê pessoalmente pela primeira vez.
- 6 e 9 de agosto: os Estados Unidos lançam bombas atômicas em Hiroshima e Nagazaki.
- 15 de agosto: o japão se rende, encerrando a Segunda Guerra Mundial. O Brasil entra em festa. Os festejos do fim da guerra tornam a situação de Getúlio insustentável.
- Setembro: Getúlio procura aliar-se aos comunistas para manter-se ao poder, mas é rejeitado.

- 10 de outubro, numa atitude desesperada, Getúlio resolve aliviar a ditadura marcando eleições para dezembro.
- 27 de outubro: Fernando Costa pede exoneração cogitando de candidatar-se ao governo do estado, sendo substituído por Sebastião Nogueira de Lima.
- 29 de outubro: Getúlio Vargas renuncia, assume a presidência da república; José Linhares revoga as eleições de dezembro e nomeia interventor de São Paulo José Carlos Macedo Soares, um dos idealizadores de Santo Ângelo.
- Novembro: Sales Gomes requer a aposentadoria retirando-se do serviço público.
- Novembro: Júlio Abreu assume novamente a diretoria de Santo Ângelo.

1946

- Janeiro: morre o interventor Fernando Costa.
- Macedo Soares melhora a condição dos internados em leprosários, entre as quais se destacam: a alimentação melhorada, a liberação parcial das visitas.
- Conceição lança sua candidatura a Assembleia Legislativa de São Paulo.
- Conceição funda a Associação de Assistência ao Doente de Lepra; inicia a distribuição de Promim por meio de "padrinhos", mas o número de doentes atendidos é mínimo face ao total internado que alcança quase 10 mil.
- Outubro: Conceição é eleita deputada estadual; Ademar de Barros, Governador e Getúlio Vargas volta ao poder como senador.

- Outubro: realiza-se a II Conferência Pan-americana de Lepra, com a presença de Faget, porém a resolução recomendando a sulfonoterapia é tímida.
- O Instituto Butantã passa a fabricar em caráter experimental uma sulfona, o Diamoxil.
- Novembro: desencarna Virgílio Quáglio, fundador do Centro Espírita João Cândido de Santo Ângelo; de volta ao plano espiritual, encontra-se redimido e iluminado.

1947

- Com a morte de Virgílio Quáglio, o Centro Espírita João Cândido passa a funcionar em várias residências, mas se establiza na casa de Encio Gaitinha.
- Macedo Soares, nos últimos dias de seu mandato, destina cerca de 14 milhões de cruzeiros à melhoria de condições dos leprosários e a compra de Promim.
- Conceição toma posse na Assembleia e põe a sua voz a serviço dos hansenianos; estende a verba de 15 milhões de cruzeiros destinada aos hansenianos para o exercício de 1948.
- Morre o médico americano Faget, principal figura na descoberta da cura da lepra.
- Neco toma seu primeiro banho quente de chuveiro.
- Fim do ano: as sulfonas começam a ser distribuídas gratuitamente a todos os internados.

1948

- Todos os internados tomam remédio; a esperança e alegria é generalizada; os lepromas e outros sintomas regridem, porém permanecem sequelas.

- As cercas são retiradas.
- A vista de Neco dá os primeiros sinais de não estar bem.
- A insensibilidade nas mãos faz com se machuque com certa frequência.
- É inaugurado em Santo Ângelo o Cine Teatro, construção de estilo moderno comportando mil pessoas, passa regularmente filmes e também é sede de shows de artistas famosos da época.

1949

- Julinha entra em contato com o Centro Espírita João Cândido e inicia uma campanha para levantar fundos para a construção de uma sede própria.
- A vista de Neco vai se tornando mais "embaçada".

1950

- Neco descobre que está com uma catarata grave no olho direito.
- Neco perde o olho esquerdo sem saber como.
- Neco é operado da catarata, que não pode ser removida; é feita uma "janelinha" para ter um pouco de visão (iridectomia).
- Neco para de trabalhar.
- Julinha prossegue na sua campanha e é iniciada a construção da sede própria do centro sob a direção de Encio.

1951

- Mais 2.500 pacientes dos leprosários recebem alta; uns vão para suas casas, porém outros, embora curados, continuam no hospital, entre eles Neco e seu irmão Zeca.

- A construção da sede própria do "João Cândido" prossegue.
- João, irmão mais velho de Neco e esteio da família, casa-se em Santos.
- Embora sendo medicada, Alda, irmã caçula de Neco, tem seu estado de saúde agravado em razão das sequelas da doença.
- Conceição é reeleita para a Assembleia Legislativa, Getúlio para a presidência da República.

1952

- A sede própria do "João Cândido" fica pronta, mas não pode ser utilizada em virtude de vários processos movidos pela Santa Casa de Misericórdia.
- O estado de saúde de Alda vai se tornando crítico.
- Lauro Souza Lima assume a diretoria do Departamento Estadual da Lepra, o que traz enorme satisfação para a imensa maioria dos internados.

1953

- Julinha pede auxílio a Herculano Pires, escritor e jornalista, espírita atuante, que adere à campanha para liberar a sede do "João Cândido".
- 2 de maio: Herculano vale-se de sua coluna no "Diário de São Paulo" para solicitar que o governador do Estado libere o uso da sede do "João Cândido".
- Alda, irmã de Neco, desencarna.

- 13 de setembro: finalmente é inaugurada a sede do Centro Espírita João Cândido, com a presença de vários espíritas destacados da época.

1954
- 25 de janeiro: comemora-se o quarto centenário de São Paulo; nesse feriado Neco presencia o afogamento de um casal de amigos.
- Agosto: Getúlio, não se conformando com a perda de poder, suicida-se, voltando ao plano espiritual como um farrapo humano.

1955
- Neco e Zeca vão a Pirapintingui tentar uma melhora da visão, por meio do Dr. Milton, oftalmologista renomado.
- Após a operação, Dr. Milton informa Neco da impossibilidade da extração da catarata; Neco se convence de que perderá a visão dentro de alguns anos.

1956
- Neco e Zeca voltam de Pirapitungui.
- A compra de um "olho de vidro" para Zeca se transforma em sofrida epopeia.
- Neco e Zeca deixam Santo Ângelo após 21 anos.

INSTITUIÇÕES

Neste romance expusemos acertos e desacertos de várias instituições. Cabe, no entanto, um esclarecimento.

Neco, olhando para trás, vê as instituições públicas e privadas com as quais se relacionou durante sua vida.

O Grupo Escolar de Santos, sua primeira escola, cenário de aprendizado, de brinquedos no recreio, de vitrais coloridos e mármores reluzentes...

O porto, razão de ser da cidade de Santos, fonte de sua economia...

A estrada de ferro dos ingleses, a São Paulo Railway, com sua pontualidade, sua tecnologia avançada, a administração meticulosa e rígida...

O Asilo Colônia Santo Ângelo, abrigo e prisão, desesperança e tratamento...

A gráfica em que João, o irmão mais velho, trabalhou, fonte do dinheiro evitando humilhações e necessidades...

Carville, o Hospital 66, a 7.500 quilômetros de distância, nos Estados Unidos da América; em Santo Ângelo apenas um nome de alguns pavilhões, mas a origem da cura a expressar a misericórdia divina...

O Departamento de Profilaxia da Lepra, o temido DPL, com suas ambulâncias negras decidindo o destino de milhares de hansenianos...

O governo do estado de São Paulo, poderoso, administrando suas verbas, num tempo levando doentes a morrerem de frio por falta de cobertores, em outra época propiciando remédios gratuitos e trazendo liberdade e saúde...

A marinha alemã a serviço do Terceiro Reich, forçando o detestável pão de fubá, ao impedir com seus terríveis submarinos que a farinha de trigo, tão branquinha, proporcionasse o pãozinho crocante e cheiroso...

A Assembleia Legislativa do Estado de São Paulo, com seu debates e leis afetando detalhes da vida de todos os paulistas...

O Ministério da Educação e Cultura, no distrito federal, remoto, porém tão presente nos seus programas educativos diários, suprindo em parte a ausência das escolas secundária e universitária...

— • —

Como foram e são importantes as instituições na vida de Neco e de todos nós.

Se por vezes gestores e funcionários tomam decisões e agem em desacordo com seus objetivos, em todas elas encontraremos benfeitores espirituais trabalhando incansavelmente para se aproximarem de sua finalidades, servindo a sociedade...

Assim pensa o Neco; mesmo com relação a Santo Ângelo, que o aprisionou e o tornou órfão de pais vivos, ele o vê com reconhecimento e respeito.

Aprendamos a amar e valorizar as instituições públicas e privadas, conscientes de quanto são nobres e necessárias.

Correlação dos personagens

Para facilitar o entendimento, pomos a seguir uma tabela contendo a correlação entre os personagens deste romance, *Chagas de Luz* e o primeiro volume da trilogia *Buscando a Luz*.

Chagas de Luz	Buscando a Luz
Adelaide	Nasceu em 1915, em Tremembé – SP; foi uma das crianças que teve a assistência do Espírito Manuel/Neco até 1924. Em encarnação anterior foi a nobre portuguesa Leonor.
Alberto	Filho de Maria e Luiz futuros pais de Neco; O Espírito Manuel/Neco o conheceu antes de encarnar em 1916, e acompanhou como espírito protetor sua infância.
Alda	Filha de Maria e Luiz, futuros pais de Neco. O Espírito Manuel/Neco a conheceu antes de encarnar; Alda, no plano espiritual, acompanhou a gestação de Neco.
Armando Catelli	Nasceu em 1916, em Sorocaba – SP; uma das crianças que teve a assistência do Espírito Manuel/Neco até 1924. No século 19, no plano espiritual, foi companheiro do Espírito Manuel/Neco em suas atividades de combate à escravidão. No século 18, foi João Batista de Oliveira, ajudante de ordens do governador Mendonça Furtado, muito amigo e conselheiro de Manuel/Neco, então comerciante português atuando em Belém.
Conceição	Nasceu em 1908; quando adolescente, foi assistida pelo Espírito Manuel/Neco no seu 15º aniversário, quando se restabelecia de um aborto espontâneo.
Constância	Mãe de Manuel/Neco nas encarnações dos séculos 18 e 19, fiadora de sua encarnação no século 20.

Emílio Ribas	Médico e cientista brasileiro desencarnado em 1925; idealizador de Santo Ângelo. O Espírito Manuel/Neco o acompanhou desde 1913 até 1924.
Encio Celestino (Gaitinha)	Nasceu em 1916, em São Paulo; uma das crianças que teve a assistência do Espírito Manuel/Neco até 1924. No século 19, no plano espiritual, foi companheiro do Espírito Manuel/Neco em suas atividades de combate ao tráfico e escravidão. No século 18, D. Frei Miguel de Bulhões e Sousa, bispo do Grão-Pará, amigo e conselheiro de Manuel/Neco, então comerciante português atuando em Belém.
Fabrício	Mentor espiritual que conduziu a preparação de Manuel/Neco para sua encarnação no século 20.
João Cândido	Orientador das encarnações do grupo de Espíritos a que pertencia Manuel/Neco e que se encarnariam com a provação da hanseníase. No século 19, encarnou-se como escravo sofrendo duríssimas provações. No século 18, foi o poderoso ministro português Marquês de Pombal.
João dos Santos	Filho de Maria e Luiz, futuros pais de Neco. O Espírito Manuel/Neco o conheceu antes de encarnar, e acompanhou sua infância como seu espírito protetor; ainda no plano espiritual demonstrava sua superioridade.
José Carlos de Macedo Soares	Político e escritor paulista, foi "mordomo" do Hospital Guapira e fundador da "Sociedade Protetora dos Morféticos", companheiro de Emílio Ribas no projeto de Santo Ângelo.
José dos Santos (Zeca)	Nasceu em Santos, em 1922, irmão de Neco. O Espírito Manuel/Neco o conheceu antes de encarnar, e acompanhou sua infância como espírito protetor. No século 18, foi filho de Manuel/Neco com Maria da Fé.

Luiz dos Santos	Nasceu em Troncoso, Portugal, em 1885. O Espírito Neco/Manuel acompanhou seu casamento, sua vinda para o Brasil e seus primeiros anos de casado, em Santos.
Luiz Gonzaga Betcher	No século 20, no plano espiritual, preparou-se para a futura encarnação; foi muito amigo do Espírito Manuel/Neco. No século 19, no plano espiritual, foi companheiro de trabalho do Espírito Manuel/Neco em suas atividades de combate ao tráfico e escravidão. No século 18, foi Gaspar da Costa Posser, secretário particular do governador Mendonça Furtado.
Maria Custódio Soares dos Santos	Nasceu em Troncoso, Portugal, em 1889. O Espírito Neco/Manuel acompanhou seu casamento, sua vinda para o Brasil e seus primeiros anos de casada, em Santos.
Neco	No período de 1889 a 1925, trabalhou arduamente, preparando a sua próxima encarnação. No período de 1840 a 1888, atuou no plano espiritual combatendo a escravidão. No início do século 19, foi o padre Álvaro Alvares, nascido em Portugal, mas criado no Brasil, atuando na área política; falhou nessa encarnação. No século 18, foi o comerciante português Manuel Gonçalves, estabelecido em Belém do Pará; falhou nessa encarnação.
Virgílio Quáglio	Nasceu em 1892, em Monte Alegre do Sul, em São Paulo, tendo seguido a carreira de professor. No século 19, no plano espiritual, foi "chefe" do Espírito Manuel/Neco em suas atividades de combate ao tráfico e escravidão. No século 18, foi Francisco Xavier Mendonça Furtado, governador do Grão-Pará, irmão de Pombal; teve um relacionamento com Manuel/Neco, na época comerciante português atuando em Belém.

INSTITUIÇÕES

• **Google Inc:** especialmente seus mecanismos de busca, imagens, mapas, tradutor e livros.

• **Wikimedia Foundation:** principalmente a Wikipedia, fonte inesgotável de informações.

• **Bíblia do Caminho:** (www.bibliadocaminho.com.br) facilitador importante para quem quer consultar a literatura espírita.

• **Arquivo Público do Estado de São Paulo:** na consulta de números antigos dos jornais: "Tribuna de Santos", "O Estado de São Paulo", "Diário de São Paulo", "Diário da Noite".

• **CPDOC – Centro de Pesquisa e Documentação da História Contemporânea do Brasil** – Fundação Getúlio Vargas, contendo perto de 2 milhões de documentos.

• **JusBrasil**, consulta aos diários oficiais e à legislação do século 20.

VÍDEOS

• **Os Melhores Anos de Nossas Vidas** – Histórias de Exílio no Brasil Profundo – Andréa Pasquini.

• **Cesário Bastos – Uma Escola de Vida** – Raquel Pelegrini – Curso de Rádio e TV/Audiovisual da UNIMONTE.

LIVROS

• **Rua Sem Fim**, Conceição da Costa Neves, Editora das Américas.

• **História da Lepra em S. Paulo**, Flávio Maurano, Empresa Gráfica da Revista dos Tribunais.

• **Tratado de Leprologia**, Vários Autores, Serviço Nacional da Lepra.

• **Getúlio Vargas em Dois Mundos**, Wanda A. Canutti, Espírito de Eça de Queiroz – Editora Opinião.

• **Sementeiras de Luz**, Virgílio Quáglio, Editora Cupolo.

• **Maldição e Glória – A vida e o mundo do escritor Marcos Rey**, Carlos Maranhão, Cia. das Letras.

• **Estado Atual da Terapêutica da Lepra**, Lauro Souza Lima, Serviço Nacional da Lepra.

TESES DE PÓS-GRADUAÇÃO E TRABALHOS CIENTÍFICOS

• **Resgate histórico do Asylo Colônia Santo Ângelo**, Marilena Moreira Feliciano – 2008.

• **A campanha contra a lepra no Estado de São Paulo**, Nélson Souza Campos – 1933.

• **Mister Hilary Ross and Carville: Her Thirty-Seven Years Struggle Against Hansen's Disease**, Cynthia M. Gould.

• **Estudo sobre a problemática do hanseniano e a atuação do serviço social**, Dirce Palmeira da Silva – 1981.

• **Community and confinement: the evolving experience of isolation for leprosy in Carville, Louisiana**, Amy L. Fairchild, Ph.D, MPH – 2004.

• **Sulfanilamide in the Treatment of Leprosy**, G. H. Faget, Surgeon, and F. A. Johansen, Surgeon (R), United States Public Health Service, and Sister Hilary Ross, B. S., Medical Technician, United States Marine Hospital (National Leprosarium), Carville, Louisiana – 1942.

• **Grupo Escolar D. Cesário Bastos: Memórias da Escola e da Cidade**, Maísa de Almeida Braga – Santos – 2008.

• **Rádio Universitária**, Afrísio Lucas Junior – UNIMAR – Marília – 2009.